わが子の発達障害告知を受けた、父親への「引継書」。

白山宮市 著

ぶどう社

まえがき

私は、首都圏で会社勤めをしています。そして、執筆時点で小学校に通う自閉症スペクトラム障害と診断された娘の父親でもあります。診断されたのは年長の秋、でもその前から兆候は顕著で、主治医からは「診断が必要なら出しますよ」と言われていました。就学時期が近づき「支援を受けやすくするためには、診断名があった方がよい」との主治医の判断により、診断を出してもらうことになりました。

わが家には二人の娘がいます。長女は健常で、次女は長女と比較すると明らかに育ち方が異なっていました。一番よく出ていた特徴は、ことばの発達の遅れです。また、こだわりが強く、言い出したら聞かない頑固さや、周囲の目を全く気にしない振る舞いが目立っていました。それは、個性という範疇には収まらないと感じられました。妻とも相談しながら、乳幼児健診の会場で係の人に質問したり、その会場で紹介された発達センター等を訪ねたり、ネットや本でさまざまな情報を得たり、他の親御さんとの情報交換をしたりと、多くのプロセスを経て児童精神科を受診し、次女の振る舞いの原因が「発達障害」であるとの納得を得られたのは、生まれてから約三年が経ってからのことでした（なお、「発達障害」は一般用語であり、本書では特に必要がある場合を除き、以降「発達障害」と表記します。診断名は、この時点であれば「広汎性発達障害」だったと推測されますが、その後、診断基準の改訂があり、就学を控えて次女に正式に下された診断名は「自閉症スペクトラム障害」です）。

本書は、「お子さんが自閉症スペクトラム障害（旧広汎性発達障害）と告知（診断）されたばかり」のご家族を念頭に、まずは父親、次に父親の理解促進を切に願う母親に焦点を当てています。告知前後に襲来するさまざまな問題に対して、解決に向けた大まかな道筋の例を示し、健やかな家庭生活の継続に役立つことを願っています。

次に、少なくとも今後は、父親も育児主体の一翼を担うことを強くお勧めしています。確かに、育児において父親は、最初から圧倒的に不利です。母乳育児であれば、そこで大きなハンデを負いますし、育児情報交換も母親同士の方がスムーズですから。しかし、育児工程を細かく分解、或いは広く捉えることにより、父親が担務可能な部分もあります。

私たちは、わが子の障害発覚という大きなできごとの後、育児において大幅な軌道修正が求められます。これも見方を変えれば、育児の現場から少しずつフェイドアウトしつつあった父親が、障害告知の後に改めて活躍の場を得る、再デビューのチャンスでもあるのです。前に立つことを厭《いと》わないで下さい。

唐突にこのような状況に直面した家庭。これをビジネスの視点から見ると、「わが子の障害発覚という大きなできごと」も、リスクの発現として捉えられます。ビジネスの現場では、業務遂行のうえで常に大小さまざまなリスクが存在します。リスク管理の基本として、リスクを個人に背負わせることは論外です。会社としての組織的な対応が必須で、それを怠れば、いずれ破たん、淘汰されていきます。ゆえに、リスクを想定しその発現も視野に入れた事業計画策定は必須です。これを深化し、会社が組織として持つさまざまなリソースを迅速的確に組み合わせ、発現リスクを適切に管理することで、会社収益の中核を為すコア事業が受ける影響を最小限に留めることができます。「事業継続計画」(BCP：Business Continuity Plan) の策定です。

BCPは本来、災害等のリスクを想定し、その発現時の対応について予め計画を立てておおくものです。しかし、家庭においてわが子の障害発覚リスクを想定し、予め備えることはまずないでしょう。ただ、予めの策定は無理でも、その影響の最小化のためには、リスク発現後、速やかに「家庭生活継続計画」（FCP：Family life Continuity Plan）の策定が必要になる、と私は考えます。

そして、先ほどの記載と重ね合わせれば、発現したリスクへの対処を妻一人に委ねることは即ち、精神的に大きな負荷が掛かり、いきなり目の前に現れた人生最大と言ってもよい困難に、現状を理解する余裕も解決の糸口も先の見通しも持てずに困惑して立ちすくむ妻を、一人で放置すること。つまり、これまで通り妻に子育ての大半を任せることは、リスクの増大要因となります。家庭という組織で対応し、発現リスクを適切に管理しなければなりません。父親が育児の一翼を担うべき、というのは当然の帰結だと考えます。

「そう言われても……」、「何をどうやって……?」、そう思われるのも当然です。更に、「子どもが障害を持っているんだ、どうにもならないだろう……」。あなたもショックを受けて立ち直れないのなら、その感情を無理に圧殺する必要もなく、落ち込む自分に罪悪感を抱くことなどさらさらありません。心ここにあらずという状態ならば、会社生活、家庭生活のレベルを切り下げて静かに奥様とともに時を過ごし、気力の回復を待ちましょう。静かに時を過ごすうちに、おぼろげながら「何かやらないと……今のままでは今のままだし……」と考えられるようになる、「その時」が必ず来ます。

本書のコンセプトは、**「その時」までの時間を多少でも縮め、また「その時」が来るまでの間に、いずれ必要となる知識をお伝えする「業務引継書」**のようなものです。

もちろん、実際に引き継ぐわけではなく、私自身もＦＣＰの遂行途上です。それでも確信して言えるのは、この先は長丁場であること、追い込み時期の仕事のように数日～数週間、気合いで何とか乗り切れる性質のものではないこと、そして**障害児育児は、決してつまらなくも絶望感にとらわれることでもない、**ということです。

本書が、新しく発達障害の世界と関わることとなったあなたへの、第一歩を踏み出すアシストとなれば幸いです。

平成二十九年四月　白山 宮市

もくじ　わが子の発達障害告知を受けた、父親への「引継書」。

1部

障害告知までの振り返りと、その後、速やかな対応が必要なこと。

わが子の障害告知。既に過去のものかも知れませんが、私たちの人生でとても大きなできごとだったと思います。これに匹敵するものが、ほかにどれだけあるでしょうか。

この時を迎えるまでの状況を振り返り、障害告知以降の気持ちの移ろいや、会社との関係等速やかに対応すべきものについて考えてみます。

1章

わが子の障害を告知されるまで

1　私たちの立ち位置

「わしは、こんなとこ、来とうはなかった！」

私たちの心境を表すのに、大河ドラマ「天地人」の主役、直江兼続の幼少期（樋口与六）の名台詞を流用させてもらいました。私も「既に心の整理が終わって今はスッキリ……」とはしておらず、今もこの思いを断ち切れずにいます。

会社で自分の企画を通すための説明資料作成時に、緒言、経緯、自社の置かれている環境の記載が当然であるように、私たちを取り巻く現状認識とそこに至るまでの経緯の整理は、最初に取り組むべき課題になります。

しかし、私たちは「わが子の障害の発覚」という人生の大きな転機を唐突に迎えることになった一点は共通であるものの、これまでの歩みは人によって千差万別。そこで、代表ポイントとして、「バーチャルな私たち」を想定してみます。

厚生労働省の「平成二十八年我が国の人口動態（平成二十七年までの動向）」によると、父親の第一子誕生時の平均年齢は三十二・六歳とのこと。大卒の会社員であれば、入社して十年弱程度でわが子を授かったことになります。会社では、管理職一歩前の主任やチーフ、或いは係長や課長代理といった最初の管理職クラスで、かなり経験も積んだ中堅として上司から重宝される世代でしょう。重宝というのは美辞麗句で、体よくコキ使われていただけかも知れません。日々主要業務や雑事に追われ、忙しく過ごしていたことは間違いなく、帰宅しても疲れ切っていて、妻との会話も途切れがち。話しかけられた時に生返事をして怒られたことも……。障害告知を受けたのが第一子とは限らず、第二子であれば三十四・三歳（出典同じ）。更に年齢は上がり、益々重責を担っていることでしょう。

このような立ち位置にいる私たちが、わが子との関わりに時間を割くのは、結構ハードルが高いことです。わが子と関わろうとは思いつつも、実際に関わる機会は少なく、多くを妻任せにせざるを得ません。一方、それをこれまで一手に引き受けていた妻の側はどうでしょう。告知を迎えるまでの半年程度の間は日に日にやつれて憔悴し、かなり疲れ切って、話す時も表情が曇っていたかも知れません。

これまでにも、わが子の様子について何回か妻と話し合いました。妻は、かなり不安な様子で普段の様子を語り、それについては妻ほど詳しくない私たちは、なんとなくそれを否定にかかる。根拠も無しに。ただ心に浮かぶ、「子どもなんて多少変わったところはあるさ」の思いに加え、自分がこれ以上重荷を背負いたくないという願いと忌避感にとらわれてしまったのも、致し方ありません。

しかし、わが子との関わりの中で、「確かにこの子は変わっている」との認識はあなたも否定しきれず、段々焦燥を深め疲れていく妻の気迫に押され、こちらも段々不安に。「障害というほどじゃないよ」、「大きくなればそのうち何とかなるよ」という、願望的なことばでやりとりは終わってきました。

2　告知の時の振り返り

わが子の障害告知の場所、シチュエーション、話を聞いたのが夫婦一緒かどちらか一方か等はそれぞれです。しかし、わが子の障害を告げられた（妻から話を聞いた）時「えっ？ウソでしょ！」、「自閉症スペクトラム障害（発達障害）って何？」、「俺どうすればいいの？」、「何でこんな……誰のせいだよ」、「この先どうなるの……」、このような思いが脳裏に浮かんだことでしょう。見事に戸惑いとネガティブな感情のこもった単語が並びます。これはやむを得ません。寸暇を惜しんでわが子との関わりを多く持つように努めていて、「やはりこの子には何かあるのかも……」と薄々感じていた人の中には、「原因が分かってホッとした」という人もいるかも知れません。

告知が臨床心理士の方から行われた場合、心の準備の不十分さに加え、説明することばの端々に専門的な用語が織り込まれていたために、大抵の人はその内容を十分に理解できません。何より話があまりに重過ぎて、唐突に言われてもキチンと受け止めきれない……。告知が妻からの又聞きだった場合、最初に受けた妻もあいまいにしか理解できず、でも大ごとなのはなんとなく分かって、ショックでぼんやりしたまま帰宅し、そのまま何も手につかない。そして、あなたも妻から早い帰宅を促され、久々に定時上がりで帰宅。待ちかまえた妻が絞り出すようにポツポツと児童相談所や発達センター（地域により名称等は異なります）等でのいきさつや言われた内容を伝えてくるも、どう返してよいかも分からず、その後は無言の夫婦の時が流れていく……。

発達障害の子は、生まれてしばらくはその片鱗を全く見せません。だから、私たちもその誕生を素直に喜んだことと思います。そして、わが子の健やかな成長も当たり前だと考えていました。でも、しばらく経つうちにわが子が何となく心に引っかかる振る舞いを見せはじめました。心の中に疑念が生じ「もしかして……」と思う気持ちと、「まさかそうじゃないだろう」と打ち消す気持ちが相克、ついに検査を勧められ、或いは人によっては自ら児童精神科等を受診して、告知（診断）の時を迎えました。

どうすればよいのだろう……。そうしている間も、ふと見ればホンの短い人生でものすごく重大なことを告げられた本人（わが子）は、両親の間に漂う重苦しい雰囲気など全く意に介さずに、好きなおもちゃを並べたり、電車を裏返して車輪を回してじっくり見たり、窓から見える遠くのネオンを眺めたりと、昨日までと全く変わらない様子で過ごしています。

そう、実は告知を受けたからと言って、目の前のわが子は全く変わっていないのです。変わったのは、私たちのわが子を見る目、そして受け止め方なのです。

私の「その時」

発達障害については、最近でこそマスコミに取り上げられる機会も増え、認知度は多少上がりました。でも、まだまだ知らない人が多いでしょう。わが家もそうでした。わが家の次女が障害の告知を受けたのは、三歳児健診において発達検査を勧められ、その後発達センターに検査を受けに行った時のことです。

「赤ちゃんができたみたい」という妻のひと言が出た時、既に次女は生まれる日に向けて着々と生命の鼓動を強く打ちはじめていました。段々大きくなるお腹を見て、ライバルの出現を直感し、「赤ちゃんなんていらない」と口走る長女（もっとも、生まれたら長女は甲斐甲斐しく面倒を見てくれたことを、念のため申し添えます）に不安を抱きながらも次女は胎内で順調に育ち、無事に誕生。

長女にはあった新生児黄疸もそれほどひどくなく、普通に一週間ほど入院後に退院、にぎやかな生活がはじまった頃には、全く問題はないと確信していました。寝返りも、つかまり立ちも、歩きはじめも特に遅くはありませんでした。一歳になる頃には、初語も出ました。ただ、その後ことばがあまり増えなかったことは、多少気がかりではありました。それでも、ベタベタと甘えてくる姿からは、人との関わりに問題があるとは全く想像もできませんでした。ことばの遅さも「多少、ゆっくりさんなのかな」とは思いましたが、長女も多少ことばが遅めであったため、それ以上深くは考えませんでした。

自治体から送られてくる案内に従って、子どもの健診は都度受けていました。健診では、事前に質問票が送られてきます。私たちは、この中でたくさんある質問項目に対し、「できる・できない」に丸をつけての回答を要求されるのですが、一歳半健診の頃から、「できる」に丸をつけられない項目が出てくるようになりました。一抹の不安が頭をよぎる一方、「大器晩成と言うではないか。多少の出来不出来は誰にだってある」と自分に言い聞かせてきました。しかし、周囲の子との違いが段々明らかになってきます。この段階で意を決し、健診会場で個別相談を申し込まれた方もいるでしょう。わが家の場合は、「もうちょっと様子を見ましょう」と言われ、更に次の健診まで不安が増幅……。

妻も、近所の「同級生」のお母さんと予防接種等の会場でばったり会った時、お互いの子を見比べて「あれ?」と思ったことがあったようでした。更に私の場合、育児関連の本をいくつか読むうちに、「もしかしたら、次女は発達障害なのかも知れない」と漠然と頭をかすめる瞬間がありました。でも、その次の瞬間には「まさかね」と打ち消す自分の内なる声が頭にこだましていました。当然、どちらつかずの状態で落ち着かず、ふっと手が空いた瞬間には次女のことを考えてしまう……。こういうあいまいな状況で、「もしかしたら」と「まさかね」の振幅が大きくなると、かなり精神的な疲れも溜まり、私も妻もハッキリさせたい気持ちが強くなっていきました。

やっと巡ってきた三歳児健診では、妻が健診終了後に個別相談を希望したところ、別室に招かれて「正式に検査をした方がよいですね」と言われ、「検査って何の? 何をやるの?」と不安がMAXレベルに到達。

検査当日、私は仕事で抜けられませんでした。妻は次女を連れて発達センターを訪問、受付で来意を告げると臨床心理士と名乗る方が現れ、妻から次女を預かって別室に移動、そこで検査を受けることとなりました。残された妻は、一時間以上は待たされたようです。やがて、二人が戻ってきました。別室に通され、次女は部屋のおもちゃを見つけて遊びはじめ、検査結果を持った臨床心理士の方が、さっき実施した検査内容を妻に説明しはじめました。妻は、不安を追いやりつつ集中して聞くようにしても、明確には理解できない内容だったそうです。ただ、次女ができていない部分について細かく解説され、最後に告げられた「このようなお子様ですので、このセンターで行われているプログラムに通われたらどうでしょうか」の一言は、しっかり耳に残ったとのこと。

妻は、具体的に「発達障害である」という言われ方はしませんでしたが、発達につまずきのある子を対象にした施設でのプログラムを勧められた＝次女の発達に遅れがある、と受け止めてきたようです。これは後で知ったことですが、臨床心理士は医師ではないため、診断はできません。従って、このような言い方をされたのだろうと推測しています。

この検査は、受ける子どもからすればわけが分からず、かなりプレッシャーの大きなものです。だから、緊張して普段の力を発揮できない可能性は否定できません。でも、ここでは課題の不出来のみならず、コミュニケーションの不全も見られているのだろうとは思います。

仕事を終えて帰宅し、妻からその話を伝え聞いた私は、「やっぱりそうか……」と、その時は妙に落ち着いていました。どちらつかずの状態ではなくなったことを受けて、安堵感が最初に来たのです。

　しかし、日が経つにつれ段々「この先どうすればよいのだろう」、「この子はどうなるのだろう」と次の不安に苛まれることとなりました。止めどなく襲い来る不安に疲れ、たまたま近所に児童精神科の病院があることを知り、セカンドオピニオンを求めてそちらを受診することにしました。でも、混んでいたため、初診の日までは一カ月半ほど時間を要することとなりました。初めて会った医師は、穏やかにこちらの話を聞いてくれました。しかし、取り立てて大きな収穫が得られたわけではありません。残念ながらこちらでも、明確に次女が発達障害であるとの診断は下されませんでした（しかしこれは、その後数年のお付き合いの中で、この医師が「診断は慎重であるべき」というポリシーを持ち、それに従っているからだろうと理解しました）。

　それでも、先の臨床心理士に続きこの医師からも「全然問題ありません」、「障害ではないですよ」ということばをついに聞くことができなかった、更に医師から「診断が必要ならば出しますよ」と言われたことから、次女は発達障害なのだろうと認識しました。黙示とは言え、障害を告知されたのです。

2章 障害告知後の心の持ちよう

1　障害告知直後の気持ちの揺れ

障害児育児に慣れているのは、特別支援教育（7章で後述）に携わるベテラン教師くらいのもので、わが子の障害を告知（診断）された親は、ほぼ全員が障害児育児の素人です。何にどこから手をつけてよいのかも分かりません。一方で「わが子に障害がある」という事実の重みが、心の中でじわじわと存在感を増して広がっていきます。会社ならば、未経験の新規事業にいきなり従事させられたような感覚に近いでしょう。

（1）一瞬はホッとする

臨床心理士や児童精神科医からの告知・診断を受けて、「原因が分かってホッとした」、「自分の子育てが悪かったからではないことが分かってよかった」との感想を持つ親は、少なくありません。今までずっとどちらつかずの状態に置かれ、わが子の「奇行」に神経をすり減らしてきた身には、原因の明確化や自責の念からの解放がすごくありがたく感じられるのも、一面の真実です。

しかし、それは一瞬のこと。しばらく経つと、やはりわが子が障害児であるという事実に打ちのめされてしまいます。随分勝手です。知りたい、ハッキリさせたいと思っていながら、いざその望みがかなったら今度はショックで気力が湧かなくなってしまうのですから。

私は、自分がハッキリさせたかったのは、わが子が障害を持っていないという「虚構」だったことに、この時はじめて気付かされました。わが子が障害を持っている「現実」を、受け止める覚悟がなかったということでもあります。

(2) 落ちぶれたという気持ち

仮定の話、もしわが子が一目瞭然の先天的な障害を持っていたならば、それはそれで辛かったでしょう。でも私たちの場合、途中まではわが子も他の子どもたちと同じ道を当然進むと思っていたところ、いきなり「あなたたちはこっちに行くのです」と言われたのです。しかも、「こっち」と言われる先には、パッと見で居心地が悪そうな雰囲気が漂っています。もちろん、自分が行きたいと感じてもおらず、全く縁がないと思っていました。しかも、自分が当たり前に行くと思っていたところとの落差がとても大きく、「落ちぶれた」という気持ちが胸に湧き起こります。自分は意識しないうちに、上から目線で人に接し、社会を見ていたことを思い知らされることとなりました。

私は、告知の後、気を取り直して発達センターのプログラムを申し込みました。ただコマ数が少ないこともあり、そこで障害児支援のための民間療育施設も紹介してもらいました。療育とは、治療的教育のことで、障害特性に合わせた教育を意味します。はじめて行った時、段々集まってくる「クラスメイト」を見て、一度は収めていた「落ちぶれた」という気持ちが再び胸に湧き起こりました。昔何かで「貧乏は辛い。でも、落ちぶれるのはもっと辛い」というフレーズを読んだ記憶があります。率直に吐露すれば、私の当時の心中は不謹慎ながらそれに近いものでした。

（3）孤独感

そもそも、何で落ちぶれたと感じたのでしょうか。人間は社会的な生き物で、人と群れることを好み、かつ群れの中で人と比較して自分の存在価値を探し、順位を確定させたがる性質を持っています。でも、群れから外れることになって、このような境遇に至ったのは自分だけではないかという不安と孤独感が高まれば、落ちぶれたと感じるのもやむを得ないとは思います。自分が希望しないところにたった一人で来てしまったという孤独感は強烈です。子どもの頃に、本でバミューダトライアングルやサルガッソー海のお話を読んだ時に感じた、異界への恐れの気持ち、とでも言えばよいでしょうか……。

2　憶測で事態を悪化させない

不安と孤独感を助長するものに、ネガティブな憶測があります。

新聞を読んでいると、残念ながら親子で無理心中という痛ましい事件の記事を目にすることがあります。その記事の末尾には大抵、「親が子どもの教育に悩んでいた」という動機めいた理由が書かれています。受験シーズンでもないのに……亡くなった子の年齢を確認すると、まだ受験年齢前の幼い場合が多いです。逆に、受験に失敗した親子の無理心中という記事を、私は読んだことがありません。それなのに、「子どもの教育に悩んでいた」。これは、かなりの確率で子どもの障害が絡んでいると考えています。

ここで再確認しましょう。障害の告知の前後で、目の前のお子さんに何か変化がありましたか。急に前よりも変わった行動が増えた、逆に急に聞き分けの良い子になった、というような変化は無かったはずです。それなのに、自分よりも圧倒的にわが子と関わった時間の短い人（臨床心理士・医師）から言われた告知（診断）だけを根拠に、人生にピリオドを打つのは軽率に過ぎるのではないでしょうか。

いきなりですが、かつて月に向かうアポロ13号が途中で爆発事故を起こし、地球への帰還が危ぶまれる事態が発生、この絶体絶命とも思えるピンチに対し、アポロ13号の乗組員とそれを地上で支援するＮＡＳＡのスタッフが一丸となって対応、次々と発生する課題に果敢に立ち向かいこれらを克服、ついに奇跡の生還を果たした、というできごとがありました。後に「輝かしい失敗」と評されるこのできごとにおいて、当時地上で支援の指揮を取ったジーン・クランツのことばに、「みんな、冷静さを保とう。みんなで問題を解決しよう。でも、憶測で事態を悪化させることはやめよう」というのがあります。障害云々とは関係なく、良いことばだと思います。非常時を乗り越えた現場指揮者のことばだけに、重みがあります。

断言はできないものの、わが子を育てていくうちに、**今とらわれている憶測や妄想に基づく最悪の状態、程度の将来像よりは、遥かにマシなところまで行く可能性が高い**です。このことは、障害児を育てている大抵の親御さんが、経験から理解されています。私たちも、「冷静さを保ち、憶測で事態を悪化させない」をモットーとして頑張りましょう。

3 「障害の受容」の五段階

かつて、精神科医のエリザベス・キューブラー・ロスが発表した「死の受容」のプロセスは、①否認、②怒り、③取引、④抑うつ、⑤受容、という五つの段階から成り立っています。この受容プロセスは、「死」だけに留まらず、人間にとって受け入れがたいできごとが発生し、それでもそのできごとを受け入れなければならなくなった時の、人間の心の移ろいをよく表現していて、障害の受容についても援用されることがよくあります。

「死の受容」のプロセス

❶否　認―自分が死ぬということは嘘ではないのか、と疑う段階
❷怒　り―なぜ自分が死ななければならないのか、という怒りを周囲に向ける段階
❸取　引―死なずにすむように取引しようと試みる段階（何かにすがろうという心理状態）
❹抑うつ―何もできなくなる段階
❺受　容―最終的に自分が死にゆくことを受け入れる段階

「死の受容」を「障害の受容」の五段階として書き改めてみます。

「障害の受容」のプロセス

①否　認―わが子に障害があるということは嘘ではないのか、と疑う段階
②怒　り―なぜ、わが子が障害児なのか、という怒りを周囲に向ける段階

③ 取　引 ― 障害を治せないか取引をしようと試みる段階（何かにすがろうという心理状態）
④ 抑うつ ― 何もできなくなる段階
⑤ 受　容 ― 最終的にわが子の障害を受け入れる段階

告知されたばかりの頃は、「最初の否認の入り口段階くらい」でしょう。大抵は、頭真っ白状態で、告知された内容の意味も分からず、具体的なイメージも持てません。それは仕方がないことです。少し時間が経って冷静になるに従って、告げられた内容が段々と認識できるようになるとともに、自分の感情にも変化が訪れます。

① 否　認

告知された時の大きな衝撃から覚めて冷静になると、言われた内容を何度も反すうします。でもその時に、「うーん、なるほど」等と落ち着いて素直に受け止められるようには、まずなりません。むしろ、「嘘でしょう!?」、「違う！」と否認の気持ちが強くなります。

わが家では、臨床心理士の方からこれでもかというくらい、わが子ができないことをあれもこれもと並べ立てられ、私たち夫婦はそのできないという指摘に対し、「検査時はちょっと調子が悪かっただけ。それにその他のことであれば、あれもできるしこれもできる、そういうことは評価してくれないのか」と反発心を強く持つようになりました。次には、「苦手なこともあるけれど、いずれできるようになる。追いつくに決まっている。あの人、分かってないよ」と、臨床心理士のことばを否認できるようなわが子の「できること」を探し出し、徹底抗戦を（心の中で）しはじめました。でも、やっぱり……よその家の（同級生の）子を見ると、わが子とは歴然とした差がある……追いつくことなんてできるのだろうか……と、弱気になったりもします。こういう気持ちの振幅を繰り返すうちに、何かの拍子に「ああ、やっぱり……」と、わが子の障害を認める時がやってきます。

②怒　り

わが子の障害を否認し心の中で激しく抵抗しても、いずれ現実から目を背け続けることが難しくなり、障害そのものは認めるようになると、今度は「そもそも論」に陥っていきます。「そもそも、何でわが子が障害を持って生まれなければならなかったのか」、「そもそも、なぜ自分ばかりがこのような境遇に陥らねばならないのか」という怒り、それも心の底からの深い憤りが湧きあがってきます。実際、その怒りは全くもって「おっしゃる通り」です。やるせなさ、不条理感に身を焦がされ、全身の血液が逆流するかのような怒り。そういう気持ちになるのは、痛いほど分かります。

でも、わが子の障害に理由などありません。妻が妊娠中に大酒を飲み続け、タバコも止めなかったのであれば別ですが、仮にそうだったとしてもそういう行動をとった人の子が皆障害を持って生まれてくるわけではありません。さまざまな要因が複雑に絡み合い、たまたま私たちの子が障害を持って生まれてきた。それ以上に言えることも無く、もし「私が一体何をした？」と問い詰められても、誰も明確に回答できません。

偶然によって引き起こされる自分が予期しないできごとは、世の中にたくさん起こります。戦場に行ったのに無傷で戻ってくる人もいれば、街中をただ歩いていただけで車にひかれて死んでしまう人もいる。宝くじが当たる人もいれば、職場が倒産して働き場所を失う人もいる。これらに理由を求めたとしても、やはり運命としか言いようがありません。もし、怒って何かが変わるのであれば、怒り続けるのは有力な選択肢ですが、実際の状況は何も変わりません。そのことが段々と分かってくるようになります。怒りで振り上げた拳も、いつまでも上げ続けることはできない現実に、やがて気付くようになります。怒り疲れる時が、やってくるのです。

③取　引

否認、怒りの段階を通り過ぎた後、取引の段階に進みます。実は、ここが一番厄介なところなのです。取引は、自分の何かを差し出し犠牲を払うことで、今の事態を好転させようという人間の性に根差しています。この感情に突き動かされてわが子が障害児でなくなることを期待し、普通ならしない行動を取ることになります。この段階で特に気を付けるべきは、怪しげな宗教と怪しげな療法です。

正常な判断能力があれば手を出さないものに、すがりつくような思いで手を出したくなる。医学的には一生治らないとされる障害であり、当然医療では治りません。どうにもならないことは、素人でも想像がつきます。ところが、ここで諦めがつかないことから、効果が証明されていないものに手を出してしまうのが人間の悲しい性です。

残念ながら、世の中には障害のある子どもの親をターゲットにした怪しげな療法がありま す。ネット検索でヒットする書籍や療法や情報、それが怪しげかの判断はものすごく簡単に できます。記載内容が本当に効果を発揮するものなら、医師や療育の専門家が取り入れて勧 めてくれるはずです。勧めてくれていないものであれば、医学的な根拠が全く無い、信用で きないものだと考えてよいのです。

でも、こんな当たり前のことが、心が弱っていると分からなくなってしまうのです。今の 医学において、「こうすれば発達障害が治る」というものは認められていません。一万歩譲っ て、その療法はまだ未検証なだけ、将来効果が認められる可能性がゼロではないとは言えま す。でもそれを試そうとする行為は、わが子を実験材料に供するのと同じことです。結局は 「治る」への執着が取引に惹かれる原因です。では、この「治る」という概念が、発達障害に 適合するのかを考えてみましょう。

例えば、わが子が手の平をひらひらさせなくなったら治ったと捉えるのか、癇癪を起こさ なくなったら治ったと捉えるのか。恐らく、社会で何とかやっていける段階までもっていく ことを念頭に置きつつ療育を行い、その成果が出たとしても、それをもって治ったと捉えることはできないでしょう。わが子は、なお残る障害特性と折り合いをつけて、社会の中で生きていけるようになるだけなのです。

④ 抑うつ

これはもう、何も申し上げる必要がないと思います。何をどうあがいてもダメなのだ……という気持ちに沈みこみ、やる気が出ない。このことは人間誰にでもやってくる気持ちのうねりであり、あえてそのうねりを否定し追い出さなくてもよいと思います。

確かに、何もしなければ何も変わらないのですが、この段階ではそういう目線は頭の片隅に置きながら、奥様と美味しいものでも食べて下さい。休むことも大切です。

また、信頼のおける古い友人や恩師を訪ね、事情を話して思いをぶちまけてみるのも、何かの糸口につながるかも知れません。「もの言わぬは腹ふくるるわざなり」、昔のあなたを知っているこれらの人たちは、あなたの思いを親身になって聞いてくれるでしょう。アドバイスには、かなり客観性がありますし、意外な情報を持っていることもあります。ダメ元でもやってみる価値はあると思います。私は、古い友人から療育団体の紹介を受けることができました。世の中、何が機縁となるか分からないものだと感じます。

目の前にあるごくごく日常の生活に集中することも、この段階からの脱出に効果があると思います。あれこれ考えず、会社のルーチンワークに意識を埋没させる、妻とともに家事（料理でもよいですが、それ以外にも風呂やトイレの掃除、家具のレイアウト変更等、やろうと思えばできることはいくらでもあります）に全力で取り組むのも、やっている間は気持ちが子どものことから離れます。仕事がしっかりこなされ、料理の手が込んで豪華になって、家がきれいになる、という副産物が生まれます。

「ただ今に生きる」。あれこれ浮かぶ妄想を断ち切り、目の前のことに打ち込むことの大切さを説いたこの禅語は、確かに至言です。

⑤受　容

やがて、障害のあるわが子が少しずつ成長し変わってきていること、そして本やインターネット等で仕入れた知識に基づくステレオタイプな障害児像とわが子の様子が全て一致しているわけではないことにも気付きます。

発達障害とは、「定型発達ではない」だけで、人によって出方はさまざまです。だから、この分野で有名なローナ・ウィングが提唱した自閉症（発達障害のひとつ）の三つの特徴（社会性の障害、コミュニケーションの障害、想像力の障害。詳細は後述）が全部揃って、しかもその全てが強く表れている子ばかりではありません。その個性に気が付くにつれて、この子はこの子なりの生き方、人生があるはずとの思いを抱けるようになります。それは、まさに「腑に落ちる」という表現がピッタリだと思います。

そうなると、今度はジレンマとなります。私たちがこれまでの五段階のプロセスを経る間にも、わが子は成長してきました。英語学習と同様、より小さい時から療育をはじめた方がその効果も高まることは容易に想像できます。すると、自分が受容にたどり着くまでの間、子どもに何もしてこなかったことを悔いる気持ちが出てきます。

このプレッシャーは結構強く、自分を責めがちになりますが、これはいけません。この先は長丁場です。障害児の親の立場は、精神的なストレスの大きさから鬱の発症リスクが高くなることを踏まえ、**持続可能性を念頭に、自分自身が息切れし最悪の場合鬱にならないよう自らの健康をしっかり見つめ、管理していくことが大切**です。

もし、何か変だと感じたなら、気合いで乗り切ろうなどと考えずに、迷わず精神科や心療内科を受診して、医師としっかり相談して下さい。

私は、かつて職場で、鬱を発症した人への社内対応をした経験があります。鬱は決して珍しい病ではなく、医者の指示、管理の下での適切な服薬により、改善、寛解し得ます。

4　受容の最終形

改めて、「受容とは何か」を一言で言うならば、それはわが子が障害を持っている事実を受け入れることです。更に、障害による特性も含めて受け入れることでもあります。つまり、わが子が障害者であるという事実に加え、わが子は障害によってこういう行動をする、或いは傾向を持っていることも認め、受け入れることです。

しかし、受容の次には、その行動や傾向のうち社会的に不適切なものをそのままにしてよいのかという問いに突き当たります。これに対する考え方は、人によってさまざまです。障害があるのは事実、「あるがまま」を受け入れ、特別な対処は不要との考え方もあり得ます。

でも、「あるがまま」の無条件な受け入れは、子の立場から見れば親も含めた周囲からの指導や成長への促しが全く得られない可能性が高くなります。その子が元々持って生まれた生命力だけでの成長を余儀なくされた場合、それが本当にその子の幸せにつながるのでしょうか。

そもそも日本では、「普通の子」の教育を優先し、障害児に対しては、就学猶予・就学免除制度によって、「学校教育法中養護学校における就学義務及び養護学校の設置義務に関する部分の施行期日を定める政令の制定について」という通達文書により昭和五十四年に養護学校の義務制が達成されるまで、事実上教育の場に行けなかったケースも多くありました。

私は、この政令の制定前は、障害児と健常児が交わらないようにされていたように記憶しています。普段からの関わりや付き合いが無かったからこそ、わが子に障害があるという事実に強い衝撃を受け、動揺してしまうのではないでしょうか。そして、今も教育の現場にその痕跡が残っているように感じます。

しかし、子に障害があっても、それだけで子の成長の全てを諦めてしまうのは気が早過ぎます。私たちが小学生だった頃と比較すれば、学校も変わりつつあります。やる気のある先生は、障害による特性を認めつつ、教え方の工夫により授業の内容や自らの意図を理解してもらおう、適切な接し方によりやる気を引き出そうと、積極的かつ前向きな取り組みをしています。そして、親も学校の先生へのお任せではなく、先生と連係して家庭でも関わっていく。この極めて創造的でチャレンジングな取り組みへの参画により、わが子が元々持つ伸びる力を助け、更に成長を促進できると考えています。合わせて、わが子に対しては**自分で対処できない時には人に助けを求めてもよく、それは恥じなくてもよい**と教えることも必要です。

障害児教育の先駆として、マリア・モンテッソーリというイタリアの幼児教育者がいます。元々のモンテッソーリ教育は、障害児との関わりの中でその原型が生まれました。ここで注目すべき点は、障害児教育からはじまったものが、健常児教育にも役立っているということです。障害児向けで分かりやすいものは、健常児教育にも応用できるという事実は、両者を区別しがちな私たちの迷妄を吹き飛ばす爽快さがあります。

私は、持って生まれた「あるがまま」を受け入れつつ、わが子の将来を展望し、本人にも周囲の人にも役立つことをより多く身につけられるように、持続可能な取り組みを続けていくことが、「受容の最終形」だと考えています。

5　セカンドオピニオン

一概には言えませんが、子の障害（の可能性）を告知したのは、臨床心理士の方でしょう。臨床心理士は医師ではないので、診断は下せません。あくまでも検査結果に基づき可能性があることを判定して、告知するだけです。そこで、別途児童精神科医に、「健診の際に、わが子ができないことがいろいろあって、発達検査を勧められた。臨床心理士に検査してもらったところ、発達障害の可能性があると告げられた。正式な診断を仰ぎたいと思い、受診をお願いした」旨を伝え、受診をすることで、いわゆるセカンドオピニオンを得ることができます。この過程は、自らの立ち位置の確認にもつながる重要なものです。

先に、私の経験をお話ししましたが、児童精神科医が「この子は発達障害（診断名であれば、自閉症スペクトラム障害）ではありませんよ」と言う確率は、極めて低いです。ただ、専門科の医師に診てもらうことで、次のようなメリットがあります。

（1）臨床心理士とは違った視点でアドバイスをもらえる。
（2）障害児を受け入れる学校の入学申込みには、医師の診断（書）が必要な場合がある。

（3）日を改めて説明を聞くことで、自分が納得しやすくなって障害の受容を促進する可能性がある、或いはその受診までに浮かんできた疑問を質問できる。
（4）定期的な通院継続により、成長に伴い生じる課題にアドバイスをもらえる。
（5）発達障害そのものを治す薬は無いが、障害に付随する一部の症状を緩和する薬はあり、その処方について相談できる。

わが家の場合、「診断が必要ならば出しますよ」という言われ方であったため、「もしかしたら違うのでは？」という淡い期待は完全に打ち砕かれてしまいました。でも、それは無駄ではなくて、このステップを経て、異なる二人の専門家がそう言うのだから、きっとわが子は発達障害なのだろうと受け止められるようになりました。

6　会社への報告

何から手をつけてよいか分からない時、まずは基本に帰ることが大切です。最初は、大枠から考えはじめます。

サラリーマンの場合、それはワークとライフのリバランスです。俗にワークライフバランス（仕事と生活の調和）と呼ばれていますが、これは、厚生労働省のウェブサイト（以下、「サイト」と表記します。）の「仕事と生活の調和推進プロジェクト」のページに、「長時間労働者の間で仕事と育児・介護との両立が難しい、地域活動に参加できない等の問題が生じている」ことを改善するために、「一人ひとりが生き生きと働き、家庭や地域生活でも充実した時間をもてる。充実感が仕事に生かされる。一人ひとりの幸せが増えていく。そんな日本をつくるプロジェクト」と記載されています。

ここに記載されている「育児」は、健常児育児を想定していると思われますが、障害児育児に着手しようとしている私たちは、より積極的な余裕の確保が必要です。健やかな家庭生活継続のために必要な対応策を想定し、元々告知前から家庭に振り向けてきたマンパワーに加え、わが子のために新たに割かねばならないマンパワーを見積もります。その確保には、仕事の効率性を高めるのみでは限界があり、絶対量の減が必要な人も多いでしょう。そのためには、会社の上司に時間を頂き、家庭の事情を伝え、理解と協力を願い出る必要がありま す。逆に伝えない選択は、会社からの配慮は不要との結論が前提ですが、会社からの配慮は本当に不要だと言いきれるでしょうか。

元々、それほど業務繁忙ではなく余力がある場合には、「伝えない」選択に近くなります。なお、状況と「伝える・伝えない」の判断は、一対一対応ではありません。「伝えなくても余力はある、でも伝える」という選択もあり得ます。ただどう考えても、加算できるマンパワーが家庭生活継続という目的達成には足りなく、会社分からの振替によるマンパワーの追加確保が必要と判断した場合、「伝える」選択につながります。

「伝える」場合の内容の骨子の例を上げてみます。

（1）家庭の事情にも拘わらず時間を頂いたこと、相談を受けて頂いたことへの感謝。

（2）わが子に障害があることが判明したことの伝達。

（3）わが子には療育を受けさせる必要あり。その対応（や対応中のきょうだいの世話）が新たに発生。

（4）家庭生活の維持のために、従来に比較して家庭により多く注力の要あり。従来通りの勤務態様は不可。

（5）もちろん、勤務時間内はこれまで以上に業務に精励する所存。また○時くらいまでなら（或いは、週に〇日程度なら）残業も可能。

（6）会社にご迷惑を掛ける点は忸怩《じくじ》たる思い。しかしながら、事情ご賢察頂き、ご配慮賜りたい。

会社の雰囲気も上司の個性もさまざまであり、この申し出に対する上司の反応もまたさまざまでしょう。しかしながら、「伝える」と判断したならば、これは踏み越えなければならない壁、伝えるのも早いに越したことはありません。叱責される、反論される、或いは撤回を要求されることはまずないとは思いますが、一方でこれは、退職のない進退伺提出に類似の行動であり、相応の覚悟が必要です。

私たちに落ち度はありません。でも会社から見れば、「就業に一点の制約も無い状態ではなくなった」＝「使い勝手が悪くなった」という事実は、社内評価を有利にはしないでしょう。

7　隠れたもう一つの受容対象

従って、いざ会社に伝えるとなると、会社の中枢業務や社運を賭けるプロジェクトに携わる可能性がかなり下がることも甘受しなければならず、仕事への未練が出てきます。私たちが仕事大好き人間ではなかったとしても、です。男は競争が好きですから、子育てに軸足を移す決断後、閑職に回されて入社時に希望していた業務に携わる機会を得られなかったり、しばらくして会社の同期が自分より先に昇進したりと、いずれ無念を味わうこともあるでしょう。この、会社で全力を尽くせなくなったことも、受容しなければなりません。

ただ、仕事は必ず終わりの時を迎えます。サラリーマンであれば定年です。普通に競争できたとしても、昇進は時と運、やれば必ず報われるものではありません。仮に私たちが、わが子の障害に背を向けて役員に就任したとしても、いつまでもその地位に留まることはできません。引退して家に戻る時がきます。その時になって、わが子にキチンと向き合わずにきたことを後悔しないでしょうか。家族のために全力を注がなかったことで招いた結果と向き合い、全てを受け入れて老後を過ごす勇気を持てるでしょうか。本来であれば穏やかであるべき晩年が、そうならない確率が高くなります。

障害を持ったわが子は、私たちの死後も生きていく、生きていかねばならないのです。この現実を直視すれば、やはりわが子のために可能な限りのことをしてあげたい、してあげなければならないと私は考えます。「持続可能な発展」という概念は、健やかな家庭生活の継続のためにも必要な考え方です。親だけ一時最大に「発展」し、栄華を極めるために、わが子の成長可能性を犠牲にしてはならないでしょう。

自分が今置かれている状況を客観的に把握し、家庭生活継続のための必要事項を抽出し、自分がこれまで築いてきたものの棚卸しを実施する。合わせて自分のやりたいこと、やるべきことを再検討し、優先順位づけをしたうえで、将来展望の再構築をすべき機会だと考えます。

なお、会社に伝えたとしても、逆に露骨な不利益、不当な取り扱いは、勤務先がブラック企業でなければまずありません。そういう状況で頑張っている社員として、会社の広報媒体の片隅に匿名で掲載されることもあり得ます。

2部

ＦＣＰ策定の条件整理から、策定後の療育に対する基本姿勢。

ここでは、ＦＣＰの策定に向けて整理すべきこと等をあげ、その後ＦＣＰを策定していきます。ただ、ＦＣＰは計画であり、それをまとめたら終わりではありません。むしろ、策定後の個別具体的な取り組みこそ大切で、倦《う》まず弛《たゆ》まず地に足をつけた対応が求められます。

一例として、私の基本的な理解と考え方を書いてみました。

3章 FCPの策定に向けた確認と詰めの作業

1　家庭生活の目論見

心持ちの整理、立ち位置確認、そして会社向けからの振替によるマンパワーの追加、と足元固めを進めてきました。

更に、ここで一つ確認します。結婚してからわが子の障害の告知を迎えるまでの間、あなたはどのような家庭生活を想定していたでしょうか。「結婚した頃から十年スパンの長期計画を立てて着実にそれを遂行、できなかったことはその要因を分析、計画をリバイズして、翌年からの新たな十年計画を策定、常にＰＤＣＡサイクルを回してきた」という人は、恐らくいないでしょう。それでも、告知の「その時」までは夫婦の共通認識として、

（1）夫の仕事はこのままやっていける。

（2）子が生まれる（増える）ことで育児負担も増える。
（3）ただ、この負担増は世間的にも普通に存在。皆が甘受しており大勢に影響はない。
（4）子がある程度大きくなれば親の手も離れ、育児負荷も下がる。
（5）妻は、その頃に再就職する。
（6）夫の協力はそれほど必要ない。妻の非常時を除き社内の競争に遅れないよう頑張る。

くらいの目論見はあったと思います。これまでは、このようなザックリとした目論見程度でも特段支障はありませんでした。惰性《だせい》であってもその流れに沿って進むことができました。世間並みでよいと割り切れば、何も考えなくてもやっていけるとタカをくくっていました。

でも、今後はそうはいきません。飛行機で例えれば、子の誕生で多少積み荷が増えたとはいえ、これまで同様に飛行できると思っていたところ、いきなり片翼のエンジンが停まったくらいの状況が発生したのと同じです。出力低下に加えて左右のバランスが崩れ、このままの飛行継続は難易度が飛躍的に高くなったのです。これまでの目論見程度から、今後はしっかりとした計画の策定が必要になります。ただ、この計画策定の前に、夫婦間での意見のすり合わせを行い、計画の実効性を高めるための地ならしとすべきだと考えます。

2　コアとなる夫婦間の意見のすり合わせ

わが子の障害発覚と、それへの対応が必要となった今の段階で、お互いにこの現実をどのように受け止めこれからいかに生きていくべきか、どのような見通しの下に具体的に何に取り組んでいくのか、今後の夫婦の基本的な役割分担をどう考えるのか、等について徹底的に話し合い、すり合わせていくことを強くお勧めします。

恐らく、今はまだ夫婦になって日が浅く（せいぜい結婚して数年しか経っていない場合が多いでしょう）、失礼ながら未だ相互理解の不足部分もあるはずです。夫婦の絆も盤石ではありません。だからこそ、ここで相互理解の深化と双方の思考パターンの共有に時間を割く必要があります。特に、家庭生活を営むうえでの根本、「家族とは何か、家庭をどのように考えているのか」という次元からのすり合わせが必要となる重大局面です。

ことばに出しにくくてもお互いがことばに出さなければ、相互の思いのすり合わせはできません。わが子の障害に対する受け止め、価値観のすり合わせ、今後の展望、役割分担、生き方の修正等々、話すことはたくさんあります。果てはこれまで一緒に生きてきた中での思い出や、各々が感じている相方への改善要望等、何でもトコトン話し合うべき機会です。

今の状況を例えるなら、魚雷が数発命中した船が、応急措置を行いつつ航海を続け、何とか基地に帰り着くことを目指すのに匹敵するくらいの困難さです。相互の意思を速やかに統一して、それぞれが持ち場で本分を尽くさなければ、沈没も時間の問題となってしまいます（これは実話です）。この厳しい状況下、今後先の長い籠城・持久戦継続のためのパートナーとしてお互いを認め、信用できるのか、冷静に見極めなければなりません。

わが子との関わりが少ない私たち父親は、どうしてもわが子の障害を受け入れにくくなりがちです。「君の考え過ぎじゃないの」、「誰だって大なり小なり変わったところはあるよ」、「そのうち落ち着くって」等、自分自身の受け入れたくない思いそのままの的外れな発言を全くしてこなかったのか、更に天動説並みの屁理屈で妻を追い詰めていなかったかの反省も必要……となります。これらの要因が重なって、夫婦で現状認識も将来展望も具体的な対応策も全く考えが異なることはよくあります。障害告知という夫婦のいずれもが想定外のできごとに直面し、健常児育児なら決して表面化しなかった双方の本音や考え方の相違が、ネガティブな感情と共に露わになるのです。

一般に妻は、共働きであったとしても、仕事に未練のある夫に比べて家庭に重きを置く傾向があります。「仕事と家庭とどちらが大事なの!?」という二者択一的な問いかけをしてくる可能性は高いです。これに対し、直球で投げ返すのではなく、むしろ「仕事と家庭をどのように両立していくのか」というように建設的な話し合いを行い、お互いに納得できる共通の着地点を探っていきます。

残念なことに、子どもの障害をきっかけに双方の価値観が衝突して離婚に至ることもあります。或いは、夫が家庭から遠ざかって浮気に走る、妻が鬱を発症するということも。実際、発達障害関係の先輩ブログを読むと、離婚された方、心を病まれた方も珍しくありません。

障害児育児という夫婦相互にとって全く不慣れなできごとに直面し、「一緒に立ち向かってくれるパートナー」は、確保すべきもののはずです。しかも、障害児との日々の生活は家庭の奥深くまで関わることから、持ち場に固執せず、その取り組みも夫婦で補い合えるのが理想です。下手に良い顔をして内に不満を溜めそれが増幅するようならば、当然その前に手を打つべきです。なお、女性の沸点は、個々の事象の最大値では無くポイント制、つまり累積値によるそうですから、沸点到達前の対処は必須です。もちろん、このようなギスギスした関係に向かうばかりでもないはず。逆に「君を選んでよかった……」と惚れ直すこともあるでしょう。

わが子の障害対応のための話し合いが、どのような内容となるかはご家庭ごとに異なり、私には分かりません。でも、覚悟を決めて神妙な面持ちで「これから大変だけど一緒に頑張っていこう」と合意できればいいのです。

3　夫婦間の意見のすり合わせが難航した場合

夫婦間の意見のすり合わせが難航するパターンは、以下の三つが想定されます。

（1）夫婦のいずれかが、わが子の障害を認めない、認められない。
（2）夫婦のいずれかが、わが子の障害は認めても、いずれ何とかなると楽観。
（3）夫婦のいずれもが、わが子の障害は認めても、育児はやはり妻任せ。

というものです。どのパターンも夫婦の認識のすり合わせは必須で、ここで面倒を避けると、後でもっと面倒になります。

（1）「夫婦のいずれかが、わが子の障害を認めない、認められない」については、第二章の受容プロセスを夫婦共にクリアすることが大切です。実は、前項とは正反対に、普段の関わりが薄い分、感情移入が少なく客観的に見られる夫の方があっさり障害を受け入れられてしまうこともあり得ます。こうなると、妻から「ロクに関わっていないあなたに、何が分かるのよ！」と受容を拒否された場合、説得の根拠を持ちにくくなります。

小さな子は多少「変な行動」をするもので、「まだ小さいのだから、こんなものなんじゃないの？」との考えも一般論として成り立ちます。更に、わが子ばかりを近視眼的に見ていると他の子との比較がうまくできず、障害に気付きにくくなることもあり得ます。特に、「変わり者度」があまり高くない場合は余計にそうなりがちで、説得材料が見出しにくくなるでしょう。ただ、それでも日常の生活で困ることはあるはず。その困った行動の削減に向けた夫婦共同による取り組みの提案は可能です。このような場面では、診断名で紋切り型に考えるのではなく、個別の困った事例ごとに対応を考えることが、とても大切になります。

この場合、妻側は受容プロセスを経ないこととなるかも知れませんが、やむを得ないと割り切ります。ブレずに夫（あなた）がこれからやろうとする取り組みに対し、協力を引き出すようにしましょう。それが無理なら、せめて療育施設等の外注先への発注を阻害することだけはやめてもらえれば、取りあえずの目的は達せられることとなります。

（2）「夫婦のいずれかが、わが子の障害は認めても、いずれ何とかなると楽観」については、「何を根拠に？」です。例えば、「昔友達で変な子がいたけれど、今ではちゃんと働いている。だから大丈夫」といった類の話が出るかも知れません。ここでの論点は、その友達とわが子が同じ状態だと言えるのか、その友達の親は何も対応しなかったのか、となります。「その友達って、医者から診断を受けていたの？」、「療育施設に通っていなかったの？」です。こういう主張をする場合は、そこまで把握して言っているのではないでしょう。あくまでも願望に過ぎません。

（3）「夫婦のいずれもが、わが子の障害は認めても、育児はやはり妻任せ」については、むしろ夫側の姿勢の問題になります。面倒なことからの逃避が招くリスクにどう対処するのか、です。

一般に、夫の方が会社やその他の場面で社会と関わる比率が高いでしょうから、その強みを生かせることに着目し、自分ができることを考えてみます。幼稚園（保育園）、医師、療育施設等に子どもの様子を伝える資料や行政等への提出書類の作成、窓口での交渉等は、夫の方が得意な場合も多いはずです。得意分野で貢献できるような体制作りは、夫自身のやりがいにもつながりますし、後々の円滑な関係維持にも役立ちます。当面は、そこを目指します（奥様から見れば、「その程度か？」というご不満もあるかも知れませんが……）。

負担の割合をきっちり五分五分にできればよいのですが、それは目的ではありません。家庭生活の継続のため、収入面の安定も考慮し、多少負担の軽重があってもこれが最適だと二人で納得できるのであれば、それでよいのです。話し合いが難航し暗礁に乗り上げるかも知れませんが、売りことばに買いことばで決裂という事態は避けなければなりません。感情的になってうまくいった例はなく、何よりも船底に穴の空いた船の上では、対立して沈むよりも協力して長く浮かせる努力をすべきです。

4 課題の認識と解決に向けて

個々の家庭の、より客観的な現状把握のためには、ビジネスパーソンが業務課題の解決に用いる視点の応用が効果的です。「運」に命じられて、「発達障害児育児プロジェクトマネージャー」を拝命したと考えることで、家庭生活継続に向けた取り組みも会社業務との類推で対処しやすく、また、自分が行うべき課題への気付きや、その実践への応用策も考えやすくなります（なお、奥様がマネージャーとなることもあり得ます）。

課題解決に必要なリソースを、（1）人、（2）モノ、（3）情報、（4）お金に分解し、次に、障害告知の前後でどのように変えることが必要かを考えます。

（1）人（マンパワー）

これまでの家庭生活のマンパワーは、もっぱら夫婦二人でした。そして、健常児育児を念頭に「負荷は掛かるものの、その大きさも世間一般のご家庭と同等。世間の皆さんができるなら、自分たちもできる」と考えてきました。でも、実際は既に妻の側にかなりの負荷が掛かっていました。そして、原因も治るものではないことが告知により明確になりました。私たちは、この状況に対応できるマンパワーを確保しなければなりません。更に、現有のマンパワーは、障害児育児に全く不慣れな新任者ですから、この二人の「研修」も必要です。

発達障害児育児の労力は、健常児と比較して多大となります（一説には三倍とも）。三つ子を育てるのに匹敵すると考えれば、分かりやすいでしょう。

このような重負荷の「業務」は、絶対に一人で抱え込んでも、抱え込ませてもいけません。会社にも必ず一人か二人はいるタイプですが、抱え込まれるとブラックボックス化して、その業務の進捗度合が周囲から把握できなくなります。順調なのか、実はヤバイのかも分かりません。「まえがき」に書いたようにこの業務は、「追い込み時期の仕事のように数日～数週間、気合いで何とか乗り切れる性質のもの」ではありません。代替要員、バックアップ余力の常時確保による安定した取り組みの継続が必要です。

この業務モデルは、工場やインフラ事業等の二十四時間交代勤務に近いです。従って、業務課題を明確化して適切に分業し、担当者がそれぞれの持ち分をしっかりこなして次に引き継ぐ交代勤務に近い体制を組む必要性があります。

今後は夫婦に加えて、児童精神科の医師、わが子がいずれ通う療育施設の先生や直接家に来て療育してもらうセラピスト、私たちの「研修」中の家事代行者、そして障害児の兄弟姉妹の一時預かり先等を新たにマンパワーにカウントします。一人でも二人でも担い手を確保し、その手配と組み合わせの検討が必須になります。

(2) モノ

発達障害児育児において「モノ」とは、本人の理解促進グッズ(ことばを補う絵カード、先の見通しをつけやすくする予定表等)や、持って生まれた不器用さや筋力の不均衡を補うための生活グッズ(補助箸、持ちやすい太い鉛筆、筆圧の弱さを補うための傾きのある筆記台等)、そして聴覚過敏への対処グッズ(イヤーマフ等)や首筋のタグを切ることによる触覚過敏への対処等が、まず上げられます。

更に、部屋が乱雑だと子どももそこで何を用いて何をすることを求められているのか分かりにくいので、各部屋の家具のレイアウトの見直しも含め、整理整頓することでその部屋の役割を際立たせることも、大きくモノに分類されます。

実は、これは療育の大事なポイントで、このように子どもに分かりやすい環境を整えることを「構造化」と言います。わが子の特性と成長度合いを見て、これらのグッズを適宜購入または自作して揃えるとともに、最適なレイアウト環境を作り上げていきます。

（3）情報

例えば、障害について親自身が学び知識を増やすための解説書・専門書等の他、講演会への出席、障害児親の会等への加入、療育施設の会報、親同士の日々の交流等によってわが子の成長段階に則した情報を収集して、その療育に生かすこと等が上げられます。

（4）お金

お金は、日々の生活必要物資の入手とともに、これまで述べてきた人・モノ・情報の獲得のための手段であり、その掛け方次第でかなりの額となります。現状の勤務の継続により安定した収入を得るのに加え、その効率的な配分の見極めも必要です。逆に、借金してまで療育につぎ込むのは持続可能性が低く、無謀なことを踏まえれば、常に落としどころを意識しなければなりません。むしろ、不断に生活レベルの維持と無駄の排除を図りつつ、過大支出の誘惑に打ち勝つ精神力・判断力を持ち続けることが必要となります。

リソースを組み合わせて最適な療育体制を組むために、まず今のわが子の状況（課題）と、その改善に必要だと思われる対応をカード（大きめのポストイット）に書き出してみましょう。次に、これらの中で外注不可のものを抜き出してグループ化します。必要だけど外注できないものは、自社（家庭内）で作業を内製化することになります。

次に、この自社直営部分での体制を検討します。そして体制の責任者の選任も必要です。それは、夫婦のいずれかとなるでしょうが、項目ごとにきちんと正・副を決めた方が初動も速やかになり、担当者が複数なことで負荷を下げられ、余裕が生じます。

項目の分担は、必ずしも障害のある子の直接的なケアまで半々に分けなくてもよいです。一人がケアをしている間、もう一人は家事を全面的に担当するとか、或いは障害に関わる講演会があった時に一人が出席し、もう一人にその内容をフィードバックする、適宜その役を交代することも必要になります。

5　FCPの基本

ここまでの前さばきを踏まえ、障害を持つわが子が生きやすさを身につけるための手助けと、各家族がより良く生きることの両立を目指し、家族一丸となって取り組んでいくための方策を考える。それが、「まえがき」でも触れた「家庭生活継続計画」（ＦＣＰ）です。

ＦＣＰは、企業のＢＣＰの考え方を参考にしています。ＢＣＰとは、私の理解では災害等が発生して通常の企業活動が困難になる事態を想定し、そのような事態発生時でも絶対にやり続けなければならないコア業務を予めピックアップし、その業務を維持、遂行するとともに早期復旧のための対策を考えるというものです。また、被災を前提として耐震性を高める、或いは、特注品だと復旧時の資材確保に時間を要することから、汎用品の組み合わせで代替できるよう設備の構成を検討する、等のことも行われます。

東日本大震災を経て、ＢＣＰに取り組む企業もかなり増えてきました。例えばメーカーであれば、製品の製造継続のために、人員の確保、材料の調達、他の生産ラインでの代替等の対応が必要です。これと並行して顧客が離れないようなケア、納期遅れへの謝罪と待てる期限の交渉等も行います。更に、災害発生後の世の中の流れを見定めて調整していくことにもなります。逆に、不急の日常的な管理業務等は、その間縮小や後回しとし、生じた余力を、被災を免れた生産ラインでの増産支援や材料確保に振り向けて製造を維持、或いは他地域のサービススタッフを動員して顧客回りをする等のさまざまな対応を行い、企業としての生き残りを図り、更に元のラインの早期復旧にも並行して取り組むこととなります。

これを、障害児を抱えることとなった家庭に当てはめたら、どうなるでしょうか。家庭の維持に必要なものは何か。愛だけでは生活できません。少なくとも安定的な収入は必須です。従って今の仕事を継続して、収入を得続けなければなりません。

また、家庭の場合顧客はいません。少し見方を変えて、ステークホルダー（利害関係者）であると考えてみた場合、家族もその一員となります。家族が心身ともに健康を維持できるよう、目配りと必要な対処が求められます。この家族の中には、他ならぬ私たち自身も入ります。わが子が障害を持っている事実だけでも十分に重いのですが、子が障害特性により社会の常識や規範からかなり外れた行動を取ることも少なくありません。それによって幼稚園・保育園や学校から呼び出され善処を求められたり、周囲の人に迷惑をかけたことに対して謝って回ることに疲れたり、ということが残念ながら起こります。この心理的なプレッシャーに耐えているうちに、精神的に参ってしまうこともあります。このようなリスクの内在を意識しながら、家庭をうまく回さなければなりません。

更に、わが家のように兄弟姉妹がいる場合、その子へのフォローも必要です。障害のある子ばかりに目を向けず、家族の構成員の一人ひとりが健やかに日々の生活を楽しめるよう心配りをすることが課題となります。

6　BCPとFCPの差異

BCPとFCPの差異は、自らと周囲の立ち位置の変化にあります。BCPでは環境、周囲の側が変わりますが、FCPの場合、周囲は今までと特段変わりません。変わるのはわが家の方となります。まず、家族の時間とマンパワーの配分が変わります。そしてこれまでお付き合いが無かった所との関わりが新たに発生する一方、これまでのお付き合いが減少、或いは消滅することとなり、それに伴って視界に入る環境が変わります。従って、新しくはじまるお付き合いの世界での作法や背景を知り、その世界に早くなじむという環境変化への対応も求められます。

ＦＣＰをより実効あらしめるためには、その前提として障害に関わる知識があった方がよいです。ＢＣＰでも、被災状況等の想定を前提としているように、ＦＣＰでは発達障害とはどのようなもので、わが子はどのタイプか、重いのか軽いのか等も分かっていた方が、より効果的な計画を策定できます。知識は、書籍、医療機関や障害者団体のサイト、先達である先輩親のブログ等から得られます。

更に、より具体的な発達障害の理解には、知識の検証や実践も必要です。少なくとも最初は、他ならぬわが子との療育的関わりを深めることで、知識の検証や実践の経験を積むとともに、療育施設に通い、他の子どもと見比べることで、大体の障害の軽重を把握できます。

ただ、知識がわが物となるのには、かなりの時間を要します。最初は家庭生活継続という第一義的な目的に特化し、大まかな方向性を示す程度の計画策定に止め、できないことは後回しとし、今できること・なすべきことへの注力が大切です。

BCPとFCPの対比

	BCP	FCP
目 的	コア事業の継続による企業の存続	家庭生活の継続
内容	被災等を想定し、継続に必要な物資、要員の確保や、損傷した生産ラインの復旧、生産ラインの代替、補完等の手順を予め定める。	必要な知識の習得、利用できるリソースの調査・情報収集、要員の養成・確保、負担割合決定等。オプションとして、きょうだいケア。
作成時期	事 前	事 後
留意点	目標復旧時間と費用の限度額を意識。業務全ての復旧は目指さない。優先順位を予め定め、本当に守るべきものから速やかに復旧。収入の確保、資産価値の維持、顧客との関係維持。	家庭生活のレベルの維持を最優先。家族の健康維持と収入の両立を意識。生活での実施事項の優先順位付けを再実施。これまでのマンパワーの配分を大胆に変更。
環境変化への追従	必 要	（新しいお付き合いが始まるため） 必要
対象期間	（業態により異なるが） 被災直後〜数カ月程度	（告知直後以降） 超長期
目指すもの	明 確	不明確

私は、ＢＣＰとＦＣＰの本質的な差異は、目指すものと対象期間の明確さにあると考えます。ＢＣＰは、元々活動してきた事業が前提、ゆえに基本的に被災等の前の状態にできるだけ早く戻すことが取りあえずのゴール、かつ顧客はいつまでも待ってくれないことから、可

及的速やかに回復する必要があります。

これに対しＦＣＰは、コアとなる家庭生活は守りつつも従来事業を縮小、余剰となったマンパワーを振り向けて新規事業に乗り出すイメージに近くなります。コアの部分を継続して残す点は同じですが、方向性が異なります。また、期限も社会的、法的に決まっているものがいくつかある（就園・就学等）一方で、それ以外は超長期かつ不定期のもの（身辺自立・就労等）となります。

もしも、対象が障害ではなく治癒可能なケガや病気なら、ＦＣＰはＢＣＰと内容が近くなります。復旧までの見通しも容易、それに要する期限も既存の医学的知見からおおよそ推定可能です。しかしながら、障害はそうではありません。治癒しないことを前提に社会適応を目指す、先の長い取り組みの継続となります。

このアナロジーから考えると、通常、企業が新規事業に乗り出す時には、まず社内で十分な検討を行ってリスク分析を実施、更にリスクヘッジのためにノウハウを持つ企業にライセンス料を払って指導を仰いだり、合弁会社を設立したりとさまざまな手を打ち新規参入リスクを下げて慎重にスタートします。

これに比較して私たちのＦＣＰは、事前の十分な検討等あろうはずもないです。こちらの都合等関係なく定められた「わが子に障害がある」との方向性だけをいきなり渡されて、後追いとなりつつも走りながら考えて手当てしていく。更に、従来事業から完全に手を離すわけにもいかず、そうかと言って今まで通りの事業遂行も叶わず、削れるものを速やかに削ったうえで、不慣れな新規事業に取り組むようなもの。これは普通のビジネスマインドに照らしたら、事業というよりも投機に近いものです。まともな企業であれば、危う過ぎて手を出せないレベルです。

でも私たちは、取り組まざるを得ない苦しい立場となります。この危うさを認識すればするほど、足がすくみます。でも視点を変えれば、失敗するのが当たり前くらいの開き直りができます。やるべきことをただやって、籠城・持久戦に持ち込むしかないのです。

7　ＦＣＰ策定

それでは実際に、ＦＣＰを作ってみましょう。最初は、何ページにも及ぶ大作とはなりません。A4ペーパー一枚で十分足ります。参考例として、わが家が次女の障害告知を受けた頃に考えていた案を書いてみます（当時はメモ書き程度で、FCPとして作ることを明確に意識してはいませんでした）。

● FCP メモ

① 基本ポリシー

・何でも話し合う。

・今日あったできごとはお互いに共有する。
（無理なら翌朝）

・無理はしない。

② 新規取り組み事項を含む夫婦間の分業

夫：収入の確保、療育情報の収集、本の参考場所の抜き出し、説明資料作り、療育施設への送り迎え（正）、教材作成、親団体対応

妻：入園後の幼稚園送迎、家庭での療育課題取り組み、療育施設への送り迎え（副）、行政届出対応、長女の世話、睡眠障害対応、家事、近所付き合い

③ 従来比で削減したマンパワー

夫：会社には伝えたが、日常的な業務量は特段変わらなかった。(※)

妻：趣味をしばらく控える。
長女の幼稚園ママ友との食事会、飲み会は最低限に抑える。

④ 中期展望

・幼稚園情報をリサーチして、長女と同じ園に入れるかを考える。
（期限は 10 月中旬目途、11 月の願書提出までに結論出し）

・何ができていないかを生活の中で見極め、それを補える民間の療育施設情報を集め、組み合わせを考えていく。
（情報収集 1 カ月程度）

・長女の一時保育可能施設のピックアップ。
（期限は 2 週間程度）

⑤ 長期展望

社会に出てある程度独力でやっていけるよう、生活に必要な身辺自立は身に付けさせる。

（※ 増もなし、転勤には配慮頂き、居住地変更に伴う手間は低減）

はじめは、この程度です。夫婦相互に思うところはあるものの、必要な事項について「これならやっていける」という見込みを双方で合意して決めています。

実際には、さまざまな課題が出てくるため、それらを加味して夫婦間の業務分担をその都度決めるとともに、数カ月ごとにレビューを行いました。こまめな確認の実施により、夫婦間の認識と方向性のすり合わせが図られて、平穏な家庭生活の継続に役立ったと思います。

更に、今後落ち着いてきたら、長期的な展望も次表のようにざっくりとまとめてセットにすると、将来のイベントの目安が立ちやすくなります。

平成32年度				平成X年度			
	学年	上期	下期	年齢	学年	上期	下期
				○歳			
				○歳			
				○歳	○年		
				○歳	○年		
				定年			

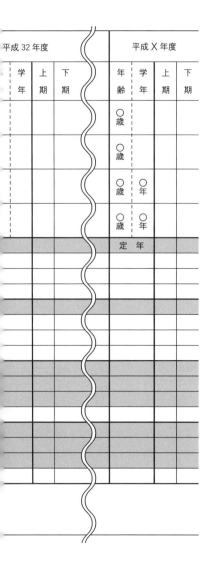

● 長期工程表

		平成29年度								平成30年度				平成31年度			
		年齢	学年	1学期	夏休み	2学期	冬休み	3学期	春休み	年齢	学年	上期	下期	年齢	学年	上期	下期
大工程	夫	○歳			帰省		帰省			○歳				○歳			
	妻	○歳			帰省		帰省			○歳				○歳			
	子1	○歳	○年	クラス替え	帰省		帰省			○歳	○年			○歳	○年		
	子2	○歳	○年		帰省		帰省			○歳	○年			○歳	○年		
小工程	夫	会社員															
						●人間ドッグ（11月）											
	妻			パート開始													
						●人間ドッグ（12月）											
	子1			通塾開始（火・木）													
				ピアノ（月）													
				水泳（土）													
						●中学校文化祭見学											
	子2			ピアノ（月）													
				水泳（金）													
				療育（1・3土）			●講演会										
備考	・子どもの習い事などの付きそいは、平日は妻、休日は夫 ・情報は相互にメールする																

4章

障害の受容後に見えてくる世界

1　発達障害に関わる私なりのまとめ

私が、わが子や療育施設等で出会う子と過ごした経験や書籍等から理解した発達障害児の傾向を、あくまでも個人の主観でまとめてみると、次表のようになります。

これらを全て無くすことは、まず不可能です。でも、**療育によりその強度と頻度を下げることは、一定程度可能**です。それが、わが子の生きやすさにつながるのは間違いありません。

	特性等	具体的には
総論	発達障害といっても、千差万別	子ども一人ひとりの個性はあって、様態は異なる
	脳の器質的障害（脳の構造が異なることによる障害）	今の医学では、手術や薬によって脳の構造を変えられない以上、治らない
	知能の高低と自閉症の重さは全く別物	知能が高くて自閉症の重い子もいる
	健常児と発達障害児には、連続したつながり（スペクトラム）がある	明確な境目はない。それは診断基準で区分される
	男に多い	男：女＝４：１とも言われる
各論	社会性の障害	・同年齢のお友達とうまく関われない ・人の気持ちや考えの推測が苦手 ・自分の気持ちを人に伝えることが苦手 ・初対面の人に、いきなり話しかける ・場の雰囲気に合わせることが苦手 （今風に言えばＫＹ（空気が読めない））
	コミュニケーションの障害	・話せない、ことばの発達が遅い ・おうむ返しや独り言が多い ・正確過ぎてくどく感じる表現をする ・目を合わせてくれない ・目線や身振り手振りで伝えようとしない ・言わなくてもこれぐらい分かるだろう…が通じない
	想像力の障害	・セットで覚えたことは、その後もセットでやろうとする ・新しいものに手を出そうとしない ・予定外のことが起こるとパニックに陥る ・お気に入りの服に固執する ・道順にこだわる ・遊び方が独特
	その他	・好き嫌いレベルを超えた偏食がある ・飛び跳ねたり、壁に頭を打ち付けたりする ・夜寝てくれない ・奇声を発したりする ・不器用 ・感覚過敏がある（音や触覚） ・トイレトレーニングが進まず、オムツがなかなか取れない ・多動・他害・自傷行為がある

2　今、困っていること

今、あなたが困っていることは何でしょう。困りごとの中にまず間違いなく、「子どもとうまくコミュニケーションを取れていないこと」があると思います。

一生懸命歩み寄って意図を伝えようとしても、わが子は目を合わせようとしない。質問しても、何も答えてくれない。話しても、その内容を理解してくれない。自分の気持ちも伝えようとしてくれないから、何をしてよいのか分からない。そもそも、何を考えているのかが分からない、といった「ないない尽くし」です。

昔、私もこれではいけないと、覚悟を決めて公園デビューを図りましたが、全然他の子と関われない。逆に、関わろうとしてきた周囲の子を拒絶、或いは無視をして相手の子のお母さんに平謝り、向こうも「まあ小さいうちはしょうがない」と思ってか、大して気にも留めずに別れて行く。こちらは神経をすり減らして、ガッカリ。そんなこともありました。

これ以外にも、「時々、突然火のついたように泣きわめく。でも、何が気に入らないのか見当もつかない」、「気に入らないと、ショッピングモールの通路の真ん中で寝転がる」等のこともありました。わが子が原因を教えてくれたら解決できる可能性が高いと考えれば、やはりコミュニケーションの問題に帰結します。

私たちの子には、親が望む行動、社会的に適切な振る舞いを想像しづらい特性もあります。つまり、周囲の行動を見ながらわが身に置き換えて行動することが不得手で、どう振る舞ってよいか分からないのに、適切な振る舞いを求められても困ってしまうということです。「チャンとしなさい！」というのは、彼らにとって抽象的過ぎて分からないことなのです。「チャンとってどういうこと？」とキョトンとしてしまうのです。

更に、大人と子どもでは、当然のことながら大きな知能差があります。親が子どもの知能に合わせて、聞き取りやすいゆっくりとした声で、易しいことばを用いて短文で話すように心がけないと、正しい日本語であっても幼い子には理解されません。これは、つい忘れてしまいがちなことです。例えば、外出先のショッピングセンターのフードコート等で、たまに何かをこぼしたり落としたりした子どもに対して、感情に任せて早口で怒ったり問い詰めたりする親御さんを見かけることがあります。ただでさえ自身の失敗に気落ちして集中力を欠いている時に、勢いで叱責しそれを理解して反省するのが当然という高姿勢で臨むのは、傍から見ても「そりゃ、無茶ですよ」と思います。

3　実は、子どもも困っているという視点

子どもとのコミュニケーションを考える時、私たち親の側も「自分はきちんとコミュニケーション能力を持っていて、十分にアプローチできている」と思い込んでいないかを疑うところからはじめてみます。コミュニケーションは、相手との相互関係・相互作用である以上、できているつもりの自分の伝え方も、「もしかしたら問題があるのかも」と疑う必要があります。更に推し進めると「自分がコミュニケーションを取れなくて困っていると感じる時には、もしかしてわが子も同じように困っているのかも……?」という可能性が考えられます。

障害児育児の世界では、「困った子は困っている子」だとよく言われます。私たちがわが子の奇行等に困っている時、実は子の側も自分がどう振る舞ってよいかが分からず困っているだけなのです。本来療育とは、不適切な行動を減らし、望ましい行動を促すためのものです。社会的に適切な振る舞いを教えることが、困っている子への手助けとなる。この認識を持て

れば、親子双方の困りごとを減らすために頑張ろうという気持ちが湧いてきます。

当然のことながら、子どもが適切な行動を教えてもらって実践できるようになれば、親も子どもの不適切な行動で周囲から白い目で見られる状況を減らすことができます。子も親もWin－Winの関係となる、それが目指すところです。

障害児育児では、自分が常識にとらわれ過ぎている事実に気付かされます。例えば、街を歩いていたら外国人旅行者から道を尋ねられた、という状況を想像してみましょう。ここで、道を尋ねる側は遥かに簡単なことばで済みます。「Excuse me, Where's ○○ ?」だけですから。そして、仮に英語は苦手だとしても、この程度であれば質問された内容は理解できます。最悪「○○」が聞き取れたら、「ああ、この人は○○に行きたいのだな」程度の想像はできるはずです。でも、これに対して英語での道の説明は結構難しいです。日本語で「この先、二つ目の信号の四つ角で道を左に曲がって、三本目の道で右に曲がってスグの建物」をとっさに英語に訳せる人は、まだまだ少ないと思うのです。英語に置き換えられないだけなのに、尋ねた側は質問を理解していないと受け止めるかも知れません。

これは、受容性言語と表出性言語に関わる話でもあります。受容性言語とは、相手の話すことばを理解する能力、表出性言語とは、自分が理解したことばを組み立てて発する能力です。聞いたこともないことばは話せませんから、受容性言語は表出性言語よりも先行します。実際、子どもの発達過程では、ことばを話せるようになる前に、親の話すことばを聞いて体の動き等で反応することが普通に見られます。これを私たちの子どもに置き換えてみます。

（1）まず、話しかけに子どもが反応しないと、私たちは子どもがその内容を理解できていないと考えます。しかし、実は理解できているのかも知れません。答えは分かりません。

（2）その次に、その内容を理解できても、それに対して自分のことばで考え、かつ考えたことをことばや態度で表現できていないだけという可能性もあります。その場合も、話し手から見れば、反応を得られないという外形は同じですから、「分かっていない」、「話が通じていない」との受け止めにつながってしまいます。

（3）立場を換えてみます。イメージは浮かぶが、それをうまくことばや文字、或いはジェスチャー等で伝えきれない状態に陥ったとした場合、私たちはどう感じるでしょうか。かなりイライラするでしょう。そして、もしストレス耐性が低かった場合には、癇癪やパニックを起こす原因の一つになり得るかも知れません。

また、発達障害の子が目線を合わせないのは、目の動き自体に意味があるらしいとは分かっているものの、その示す意味が分からないから怖くて見ないとか、人の目線の持つ力がとても強く感じられて、それを直視できずにちょっと焦点をズラして見るようにしているという説を聞いたことがあります。即ち、「目線を合わせない＝聞いていない」ではないのかも知れないのです。

好き勝手なことをやっているようにしか見えないわが子も、実は困っているという視点を持つことで、まだやれること、やるべきことがあることが明確になり、その支援に強い動機と目的意識が芽生えます。

4　知識欲が高まる

受容プロセスを一通り経験した後は、猛烈な知識欲が湧いてきます。何も分からなければ手の打ちようもなく、目の前の子どもが成長を止めて待ってはくれません。しかも、まだ生まれて三年程度。これから親の私が何とかすれば、もしかして他の子に追いつくのでは……

と淡い期待を胸に抱きながら、今までほとんど関わったことがない心理学、発達、児童精神科、社会福祉制度、学校教育等に関わる書籍を読むなどして、知識習得に励みはじめます。この過程で身につけた知識は、後々役立ちます。読書中はネガティブな感情を忘れられる、そのような効用もあります。

知識欲の高まりは、療育施設への通所も楽しみに変えます。例えば、「他の子は、どのような感じなのか」という興味。そういう自然な欲求を否定せず、いろいろな子の様子を見ているうちに、他の子の中のわが子と似た性質、或いは違う性質に気付けるようになります。

百聞は一見に如かず、見て知ることで納得感が得られることも多くあります。それらの経験は、わが子が目指すべき成長の方向性を探るきっかけにもなりますし、発達障害を抱えた子の成長を広くつぶさに見ることによって、わが子の成長度合いをより明確に感じる能力を磨くことにもつながります。更にそれは、わが子のより適切な育児・療育にも役立ちます。

5　本から知識を得る

「敵を知り己を知れば百戦して危うからず」と、孫子のことばにありますが、正直に言って発達障害に関する知識は難解です。本を読めばすぐに頭に入るといったものではありません。障害告知を受けるまでの人生では全く関わりのない分野の話ですから、普段の理解力を取り戻しても、耳慣れず分かりづらいのは当たり前です。だから初期の頃は、「本を読んで知識が多少でも増えればよい」程度に考えます。体系的に知るには、児童精神科医が著した本の一読がお勧めです。ただ、医学的見地から書かれた本では、発達障害の特性例等の記載はあるものの、それらの特性への具体的な対応方法の記載が少なかったりします。この点では、療育従事者の方が著した本の方が詳しく実践的な印象があります。

本は、定番を読むのが鉄則です。私たちの時間とマンパワーは有限かつ貴重、センセーショナルなものはあまり役に立ちません。また、初期には海外の発達障害当事者の著書も避けた方が無難ですが、当事者本という視点で見た時は、海外の方の本がより内省的で当事者の思考パターンを知るのには適しています。ある程度発達障害に関する知識が積み重なってきたらお勧めです。

内容によっては、図書館で借りて済ますのもあり得ます。私は、幸い近所の図書館に発達障害関連の本が多く収蔵されており、まず借りて読んで今のニーズに合うかを判断し、手元で更に活用したい本を買うようにしています。但し、発達障害関連の新刊本を、図書館ですぐに読めることはマレで、軽く三カ月以上待たされることもあり、急ぐなら購入するしかありません。見方を変えれば、それだけ発達障害について知りたい人がいるとも言えます。

6　療育を受けさせること

受容の時までは、障害の有無に焦点が当たってきました。より正確には、存在するわが子の障害を親が認めることです。障害の有無で悩んだ結果として、障害の存在を認められることは、それ自体に意味があると考えます。でも、障害の有無や診断名よりも、現実的に直面している個別具体的な「困っている事情」を把握し、その困り度を下げることの方が、より喫緊《きっきん》の課題となります。私たちは、診断名のレッテル貼りで満足すべきではなく、わが子ができなくて困っていることへの具体的な対応を最優先に、親としてできる支援を考え行動する段階に到達した、と理解すべきです。

障害の受容前であっても、わが子に療育を受けさせることについては、わが子の障害（の受容）とは切り離して考え、まずは受けさせてみます。もちろん、親の受容後に受けさせた方がよいのは言うまでもありませんが、**受容し納得できるまで何も対応しないままでいると、療育を受ける機会の損失につながってしまいます。**

「わが子の障害を受容できていないのに、何で療育を受けさせなければならないの？」、「障害があるから療育するのではないの？」……それはごもっともな疑問です。ここでよくある誤解は、「障害児ではないかも知れないのに療育を受けさせたりしたら、子どもの成長が遅れるのではないか？」というものです。療育は、確かに障害児向けのものではありますが、モンテッソーリ教育でも触れた通り、障害児だけに有効なものではありません。課題がより分かりやすくカスタマイズされていたり、より細分化されていることで、障害児でも理解しやすいよう工夫されているため、健常児にとっても理解しやすいものになっています。

何より私たちにとって大切なのは、子どもたちが抱えている個別具体的な「できなくて困っていること」に対する支援を充実させ、できることを増やし、できることは楽しいと感じさせ、できないことによるイライラを減らすことです。親が受容する前でも、わが子に苦手なことがあるなら療育を受けさせて損はありません。むしろ、ためらうことなく受けさせた方が「お得」なのです。

でも、いざ療育を受けさせようと思っても、最初はどうしてよいのか分かりません。障害の告知の時に近くの療育施設等の紹介が無かったならば、自治体の障害者福祉担当課に問い合わせることで、地域の情報を得ることができます。

7　実は、会社でも役立てられる

私たちは、これまでの人生のさまざまな場面で人から指導を受けてきました。その際に、「一から十まで聞いてくるな」、「自分で考えろ」、「目的意識を持て」、等と言われたこともあったはず。しかし、障害児育児では、失敗による叱責を避けることを第一に考え、最初から正しいやり方を教えて着実に身につけさせ、実際に作業をさせて成功体験を積ませることが望ましいのです。

会社でも、やり方だけでなく、そのやり方を採用した背景も教えた方が、仕事を遥かに早く覚えられます。また、一連の作業の場合、最初のお膳立ては上の者がやり、最後の方だけを本人にやらせて成功体験を積ませる、追々その直前の部分から関わらせるようにして、最後は本人が最初から全て独力でできるようにする、というのも有効なアプローチです。

「そんなことでは応用が利かなくなるのではないか」、「決まりきったことだけできても役に立たないのではないか」という心配もあるでしょう。しかし、応用は場数を踏む中で身につくものであることを考えれば、なおさら基本となる正しいやり方をみっちりと教え、次に場数を踏むことに力を注げばよいのではないでしょうか。

日頃から意思疎通が難しい子どもとの療育的な関わりにより、障害児を育てる親の、人と関わる能力は鍛えられ高くなります。療育手法を身につけると、単にわが子の成長だけでなく、会社の部下の育成にも役立つことに気付くようになります。

8 「発達障害＝天才」ではない

インターネットで「発達障害　有名人」「ギフテッド」をキーワードに検索してみると、発明王のエジソンも、相対性理論のアインシュタインも、発達障害があったのではないかと主張する記事が複数ヒットします。ただ、これも「中にはそういう人もいる」だけの話で、「発達障害＝天才」ではありません。極端から極端に振れる、もうダメだという落ち込みから、「この子には特別な才能がある」という根拠のない思い込みに支配されてしまう人が少なからずいます。発達障害＝天才に固執してしまうのは、まだ受容し切れておらず「取引」の段階に止まっていることになります。

発達障害の子の将来は、誰にも分かりません。ですから、どのような才能を持っているかも分からないのです。たしかに、世の中の革新的な技術も発達障害の人が生み出していることが少なくなく、偉人の中で発達障害者だと推測される人が多いのも事実。ただ、その真偽はハッキリ分からないのも事実です。もちろん、私たちの子が天才にならないと断定されているわけでもないので、念のため。

どんな子どもも、たとえ天才ではなくても大抵何か好きなことや得意なことはあるはず。むしろ親は、それを見つけて適切に伸ばせるように、環境整備に取り組むことが求められます。わが子も「できる」という自己肯定感を強く持てますし、例え第一人者にはなれなくても、人並みに生活していくための基盤を整えるうえで、何かの役には立ちます。

9　育ちの芽を育む

発達障害の子を育てるうえで大切なこと。それは恐らく、健常児よりも弱い育ちの芽を枯らさないための努力です。私たちの子どもは、元々人と関わろうとする気持ちが強くなく、人と関わる能力も低く、関わりを育むスキルもほとんど持っていません。ですから、「人とうまく付き合えないな」、「お友達になれないな」と思ったら、元々低い熱意のために、さっさと付き合いを諦めてしまいがちです。このような失敗体験をさせない、失敗してもそれを繰り返させないことで、自尊感情を保つことが大切になります。

わが子の人と関わろうとする意欲が希薄な特性を再認識し、その特性の軽減、改善のためにはどうすればよいかを考えます。最初は、人に関心を持つような取り組みからはじめ、人との関わりは楽しいと感じさせ、人と関わる意欲を育てていく。このような地道な取り組みが、育ちの芽を育むのです。

5章 療育体制、人間関係、公的支援

障害児育児の適切な推進には、療育体制、人間関係（ステークスホルダーとの関わり）、公的支援の三つが柱になると考えます。ここでは、それぞれについてお話します。

1　療育体制

（1）療育施設に行くこと

発達センター等のプログラムの紹介を受けても、最初に行く時にはプレッシャーを感じることでしょう。それでも私は、このような公的療育施設に行くことをためらわないで欲しいと思います。その理由は三つあります。

①誰にでも門戸が開かれている。

②費用が無料または格段に安い（教材作成に必要な実費程度）。

③仲間と出会える。

施設に通ううちにその環境にも慣れると、質はともかく量が足りないと感じるようになってきます。税金により賄われている行政サービスでは、「広く薄く」が基本となるため月に一回程度の場合も多く、量の不足は家庭側で補わざるを得ません。公的な施設では、何回か通う中で療育の大枠を掴むことが第一義になります。その後、わが子の行動の中で改善が必要な課題への対応のため、時間的資金的余裕に応じて、民間の療育施設や通信教育、障害児親団体の主催する講演会等に手を広げていきます。

また、子どもたちが先生の指導を受けている間、各々の親もその場で見学、或いは親だけを別室に集めてお話をする機会が設けられることもあります。そこで入手したさまざまな情報の中から、わが子に有用なものを選び出し、適宜「家庭生活継続計画」を修正・追記し、生活パターンに落とし込んでいきます。

（2）療育施設の選択

大都市圏には、複数の民間療育施設があります。それらの施設のサイトや仲間から仕入れた情報（や噂）を参考に施設を選び、見学や無料体験の申し込みをします。また、自閉症児向けの通信教育も開発されています（四谷学院）。その他、ネットを通じて情報交換ができる障害児親向けの療育団体も数多くできています。一方で、地方ではそれほど多くの選択肢がない現実もあります。もちろん通信教育は地方でも受講できますが、選択肢の多い大都市圏と比較して不公平だと感じられるのも無理からぬところです。しかし、一概にそうとは言えません。大都市圏の評判の良い民間の療育施設は、すぐに埋まってしまいます。空き待ちに一年かかる例もざらにあります。地方には、セカンドオピニオンを早く得られる、申し込んですぐに療育をはじめられる、というメリットもあります。

更に、親が独学で知識を得て自ら療育に取り組むこともあります。これらの適切な組み合わせが親の悩みどころです。親子双方が持続可能であるよう無理をせず、かといって放置でも無く、わが子の状態を見極めつつ試行錯誤しながら、組み合わせを考えていくしかありません。

（3）療育施設の限界

療育は、療育施設で子どもの状態に対するアセスメントを行い、まず身辺自立（着替え、排せつ、食事、入浴等、基本的な身の周りのこと）を中心に取り組み課題を抽出し、一つの行動を分かりやすくブレイク（スモールステップと言います）して指導・介入し、家庭でもその内容に従った対応により定着を図るという進め方が一般的です。

当面は、その不出来な部分の改善だけで精一杯になります。けれども、時間が経つに従いわが子ができることも増えます。それはよいのですが、逆に療育施設で指導できることは徐々に減ってきます。実は、療育施設は未就学児向けのところが多く、就学以降は数がグッと少なくなります。その背景には、告知が大抵三歳前後に集中するため、大きな節目である就学に向けて能力の底上げを目指したい親のニーズや、幼い子の重点取り組み課題の多くは共通するためノウハウの蓄積もあり、指導が容易という施設側の事情があると思います。

これを裏返すと、子どもの成長に伴い表面化する課題は、その個性や置かれた状況等によって異なり、施設側から見ると個別対応が必要となります。知見が少なく指導も手探りとなりがちで、時には対応不可なことも出てきます。まだそのような先のことを考えるのも難しいでしょうが、頭の片隅に留めておいて下さい。

(4) 療育への親のスタンス

最初の頃は、「療育って何?」状態で、療育施設の先生等に手とり足とり教えてもらうことになります。それでも、主導権はいずれ親が握ることを意識して取り組むことが大切です。その理由は、親が療育プロジェクトマネージャーだからです。わが子の成長という結果に最終的に責任を負うのが誰かを考えれば、これは自明です。加えて、療育施設よりも家庭で過ごす時間の方が圧倒的に長いこと、療育施設という構造化(≒課題が明確化)された環境では問題行動が出にくく、療育施設側が把握できる課題には限度があること、課題を日々の生活の中で定着させる必要があること等の理由から、やはり親の主導が望ましいのです。

療育施設は、あくまでも利用するものです。その目的は、通うことではなく日々の困りごとの解消・改善ですから、施設へのお任せは不可です。すがるような気持ちで駆け込みながらも、自らが研鑽《けんさん》を積んで疑問があれば療育施設側と対話できるようにならなければなりません。「何に」、「なぜ」納得できないかを具体的に言えるようにならないと、個々の課題の習得に向けた家庭での取り組みが難しくなります。

先生の接し方やその背景にある原理の基本を理解し、家に持ち帰って自身も繰り返し真似て体得し、普段の生活のさまざまな場面でわが子の行動に介入し、多少の条件の差異があっても同じ正しい行動が定着するように取り組む般化《はんか》は、どうしても必要になります。何回かこのような場数を踏むことで、親もその考え方を体得し、応用課題にもある程度対応できるようになります。施設にお任せではなく親自身が学ぶことは、このためにも必要なのです。

会社でも、新入社員時代は見様見真似となるのもやむを得ません。でも、中堅以降になれば、ある程度裁量をもって業務を遂行するのが普通です。まして、あなたはプロジェクトマネージャーです。この感覚は会社と同様に考えることができます。

2　ステークホルダー（利害関係者）との関わり

（1）療育施設での親同士の関係

かつて私が、全く先の見えない不安にくじけそうになりながら療育施設に駆け込むと、そこには私と同じくやむにやまれぬ思いを持った親御さんたちがいました。「自分だけ……」という孤独感が薄らぐとともに、同じ境遇の方の存在を心強く思いました。

ただ、私たちの子どもは、子ども全体の中では少数派なのに、健常児よりもはるかに多種多様なバリエーションがあると感じます。健常児は他者に合わせた行動や気持ちの抑制ができるため、表面から個性が見えにくくなるためもあるでしょう。この点、発達障害児は素の姿が表面に出てきやすいとも言えます。

療育施設では、子ども同士の相互交流による成長を期待して集団指導が行われることがありますが、レベルが近くないと期待通りの成果に結びつきにくいです。療育課題は、個々の子どものニーズに合わせて設定されるため、この課題が異なる場合は、発達レベルの差があることを表しています。幼児期には大差がないように見えた子どもたちも、就学を控える頃には親同士もお互いの子の成長度合いの差を認めざるを得ません。この手のモヤモヤ感を抑え、わが子の今の最優先の取り組み課題は何か、その課題にどこで取り組むかを各家庭で考えたうえで組み合わせ、日々の取り組みの中でできることを増やした先に、就学という大きな関門がやってきます。

発達障害児の中で、知的障害を持つ多数の子は、就学先も特別支援学校・学級が多くなります。そこでの日々の取り組みはまさに療育そのものも多く含まれるため、放課後に更に民間の療育施設に通うニーズや、通わせる意欲の低下は否めません。逆に、発達障害の程度の軽い子の中には、不完全ながらも何とか社会性を獲得できる子もいます。そうなると、療育に来る必要性が下がる・無くなることから、やはり療育施設には来なくなります。或いは、更にステージが上がって、他の療育施設に移ることもあります。

一つの療育施設に長く通う子は、ちょうどその施設が得意とする療育のポイントに当たっている期間が長い、とも言えます。もし、療育施設で知り合いの多い人がいたら、そういう理由で長く通っている方なのでしょう。

私の療育施設利用生活の中でも、会わなくなった親子は結構いて、今どうしているのだろう、とたまに考えます。それは余計なお世話でしょうけれど、その方たちと過ごした時間への思い入れや、彼らに対する仲間のような意識もあり、ただただ元気で過ごしていて欲しいと祈るばかりです。逆に、私たち親子も、「まだあそこに通っているのか、元気かな？」と思われているのかも知れませんが……。

療育施設に通う時間帯を考えると、送迎は母親の分担になる場合が多いと思います。療育先では、ママ友関係も形成されます。これは、普通のママ友とは付き合いの濃さが異なります。社会で障害児育児経験者は少数派に属し、同じ立場・境遇を理解し合える数少ない仲間という側面があります。逆に、彼女たちとの共通点は、たまたま障害のある子を授かった一点のみでもあります。育ち、趣味、嗜好、考え方等が全く異なる場合も多々あって、仲間意識と合わないストレスの共存も多くなります。

もちろん、一般の人付き合いと同様、合わない人との付き合いを避ける選択もあります。でも少数派の狭い世界ですから、一旦は縁遠くなっても、またどこかで再会……もあり得ます。結局、うまい人付き合いが必要なのは、障害児親世界でも同じです。ただ、「合わない人たちとイヤイヤ付き合う期間」は、そう長くありません。子の成長レベルに差が生じ、双方の通う先も変わって出会う機会も少なくなり、お付き合いの自然消滅も多くなります。その点は、むしろ気が楽でもあります。行った先でまた別の……というループもありますが……。

（2）療育施設のスタッフ

療育施設も玉石混交で、また評判の良いところは人気も高く、いつも満員で事実上使えないことも多くあります。受容を経てやっと申し込む気になったのに、なかなか使えないというジレンマはできるだけ避けたいものですが、これは致し方ありません。更に、やっと順番が回ってきて使えるようになっても、子どもとスタッフの相性、親とスタッフの相性も当然あって、場合によってはそこをやめてやむなく他を当たらざるを得ないこともあります。ゆえに、療育をある程度軌道に乗せるまで、最低三カ月は要すると感じています。

療育施設も個人営業のところは少なく、何人かのスタッフを抱えています。その中で優秀な方は、確かに「おおすごい！」と思えるようなテクニックを持ち、実際に成果を上げています。同じことを同じようにやっても、子の反応が露骨に違う例を見たことがあります。指示を出す間合いや、子が反応した時の対応、うまくいかなかった時の次の一手がやはり違うのでしょう。

療育施設側もスタッフの玉石混交は自覚していて、生徒の獲得のために最初は実力者をあてがい、その後他の先生に交代してしまうようなケースもあります。自分も、もし逆の立場だったら当然そうするだろうと考えれば、やむを得ないと思います。「そんなのズルーい！」というのは正直なお気持ちだとは思いますが、いかんともなし難しです。

(3) 療育施設利用時におけるきょうだいへの対応

昨今では、障害児の兄弟姉妹について、その地位の特別さにスポットを当てて「きょうだい」とひらがなで表現される例をよく見ます。発達障害を持つ子と年の近いきょうだいがいる場合、夫婦いずれかと発達障害の子が療育施設に通う間、そのきょうだいへのケアの分担も必要です。

休日なら、夫婦のいずれかが家に残りきょうだいと一緒に留守番する場合が多いでしょう。しかし、平日の場合あなたが当番でも、出張や重要な会議でどうしても行けなくなる事態も起こります。このような場合の対応策も、予め想定して決めておく必要があります。

きょうだいが小さいうちは、連れて行って一緒に見学、控室或いは近所のファミレス等で休むことも可能です。しかし、きょうだいも成長してくると自分がカヤの外に置かれていると感じるようになります。そして、いずれ退屈な待ち時間に付き合わされることもいやがりはじめるかも知れません。これは、成長に連れて湧き起こる当然の感情です。もちろん、親がいつも寄り添えたらよいのですが、それができないのであれば、代替手段を探す必要があります。

必要に応じて託児等を利用できる制度のある自治体は、結構あります。具体的には、保育園や民間託児施設による一時預りが多いようですが、中には子育てが終わった世代の人の自宅への訪問による、見守りサービス等が存在しているところもあります。これらは地域の自治体のサイトを見たり、担当の課に電話やメールで問い合わせる等により情報収集することができます。実際に利用する・しないはともかく、いざという時に利用できる場所やサービスの存在を知っていることは、やはり心強いことです。

「きょうだいを預けるのは可哀想だ」との思いがあるかも知れません。しかし、実際に利用してみると、育児のプロや経験豊富な方がきょうだいに対して適切に関わってくれます。わが家の場合、長女も意外とすぐになじみ、喜んで通うようになりました。

そもそも、**私たちの直営のマンパワーは有限です。このことを意識し、使えるものは使うようにしましょう。**お金で買えるものはお金で済ませ（外注に出し）、直営で力を注ぐべきところを冷静に見極める割り切りも大切です。「やらない理由」探しは、何の利益も生みません。

（4）周囲への告知

①　夫婦それぞれの両親への告知

あなたは、両親にわが子の障害を告知しますか。これは、かなり大きな問題です。私たち自身も皆無ではない障害への偏見を、親世代は更に色濃く持っている場合があります。しかも、老いた両親は新しい考えの受け入れが難しく、私たちが理を尽くして説明しても、彼らの障害認識の改善にはかなりの困難が伴います。単なる拒絶のみならず、配偶者側の血筋まで持ち出して、人格非難的なことをあれこれ言い出すリスクもあり、この手の修羅場への覚悟も必要となります。

告知の可否に関わる普遍的な判断基準はないですが、わが子がパッと見で障害の有無が分かるか、これは大きな分かれ目だと思います。誰がどう見てもこの子が健常だとは思えない状態であれば、その場しのぎを重ねても隠し通すのは難しいです。両親も私たちを育てた経験がありますから、すぐにバレます。正直に告知するより他ないでしょう。覚悟は要りますがお互い一目瞭然ですから、拒否感はあってもすぐに理解してくれると思います。ここで、両親も私たちが通過した受容プロセスを経験することとなりますが……。

次に、パッと見ではよく分からないものの、やはり立ち居振る舞いが変わっている場合です。正直、これが一番厄介だと思います。言わずに済むのであればそうしたい、余計な混乱や軋轢《あつれき》を招きたくないのは人情です。でも、健常児と認識してもらうには、あまりにも変わったところが多過ぎる……。この場合は、告知しても黙っていても「そう来るか？」という反応が想定されます。意を決してわが子の障害を伝えても「そんなことはないでしょう。小さいうちはこんなもの。成長すれば大丈夫よ」と言われてしまう。逆に、黙っていれば「何かこの子変わっているよね」、「ちゃんとしつけをしているの？　大きくなってから大変よ」

等と言われてしまう可能性が高いです。両親の世代は、「しつけは万能」という大いなる誤解をしています。実際は、しつけにも限界がありますし、障害の有無のみならずその誤解を解くのにも、かなりの労力が必要となります。

実際、両親への告知を先延ばししていると、帰省した実家で何か変な言動をするたびに「この子、何か違うね」、「親がしっかりしないと」等と批判めいたことばを浴びせられることは珍しくありません。「告知しない」選択をしたならば、このあたりはすごく面倒ですが、やはり乗り越えていかなければならない試練の道です。

このことへの対処として、私の個人的な経験から申し上げるなら、「障害があるから」というストレートな伝え方は避けた方が無難だと思います。

では、どう伝えるのか。発達障害の子は不器用なことが多いので、姿勢が悪かったり体の動きがぎこちなかったりといった事実を利用し、うまくできなかった時には「運動が苦手なので」という言い方をすることは可能です。他にも、女の子のぬいぐるみ好き、男の子の電車好きはよくありますから、そういう一般的によくある事実を利用して執着ぶりを説明する方法もあります。ちなみに、もし告知により両親の認識変更ができたとしても、直ちに協力的になるばかりではないという、更に厄介なことも……。

子の障害を認めさせることに成功し、修羅場に至らなくても、それで安心できる場合ばかりではありません。「老婆心」ということば通り、気にかけてくれるのはよいけれど、今度は過干渉と感じられるような頻度で、あれこれとそれも医学的には正しくない民間療法情報や、或いはかつてはそう言われていたけれど今では否定されているアドバイスを伝えてきたり、逆に心労により両親側も心の健康を害したり、ということも起こり得ます。

「告知しない」選択をしたのであれば、当面の作戦として子どもの障害については「はぐらかし」つつ、療育で改善を図っていく。それでどうにもならなくなれば、事例にポイントを置いて説明をする。つまり、「個別のできないことのみを説明し、障害というストレートな言い方は極力避ける」のが、両親への告知についてのわが家の現状の対応方針です。

② 夫婦それぞれの兄弟姉妹への告知

私や妻の兄弟姉妹に対する告知は、両親とはまた違った展開が想像されます。基本的な障害告知のスタンスは、両親に対するのと同様だと思います。もし告知するとしたら、その反応は両親ほど拒否的ではないかも知れません。しかし、もし「告知しない」選択をしたならば、兄弟姉妹にも子ども（つまり、わが子から見れば「いとこ」）がいた場合、その年齢が近接することも多く、常に比較対照されてしまうことはもちろん、現役の親としてのシビアな視点から、障害に気付くこともあるかも知れません。

だから、両親には告知しなくても、兄弟姉妹には告知せざるを得なくなる場合が想定される一方、告知したらその兄弟姉妹の口止めができるのか、という問題が生じます。

また、兄弟姉妹に告知しない選択をした場合、全く別の機会、例えば両親いずれかの介護が必要になった時に、なぜあなたの家族が顔を出さないのか、なぜもっと面倒を見ようとしないのかという非難と、それへの対応に苦慮することも予想されます。

私は、両親よりも長く関わる可能性が高い兄弟姉妹に対しては、あるタイミングで告知せざるを得ないだろうと考えています。義務教育までは何とかなっても、その先になると進学先によっては自明となりますし、それ以前の何らかのハプニング等により、隠し通すことが難しくなることも十分にあり得るからです。

③先生への告知

既に保育園、幼稚園に通っている場合、その先生方に対しては、わが子の障害についてキチンと告知するべきだと考えます。私がそう考える理由は、

Ⅰ　特性について理解を得る必要がある。

Ⅱ　特性に応じた配慮を依頼できる。

Ⅲ　周囲の子とのトラブルの未然防止にも情報提供は必須となる。

です。今の保育園、幼稚園の先生は、総じて発達障害の知識を多少は持っています。また、中には既に何人かの発達障害の子と関わった先生もいます。であるならば、お伝えしないという選択は無いと思います。

なお、Ⅱは日々の関わりだけではなく、保育園では障害児保育事業における職員の加配、幼稚園では特別支援教育支援員の加配をしてもらえる可能性があります。この加配制度については、厚生労働省や文部科学省のサイトの資料によれば、自治体等に財政措置しているようであり、実際に加配を受けられるかは、最後は各自治体の予算や置かれている状況によるのかも知れません。でも、私たちが自治体の財政状態を慮《おもんぱか》る必要は無く、こういうしくみが

ある以上、保育園、幼稚園側に加配の可否を確認する価値はあります。

わが家の場合、こちらからのアクション前に幼稚園側から申し出があり、その申し出に対し保護者（私）が同意し、幼稚園側から依頼された書類に記入して提出、幼稚園が自治体に申請を出すという流れだったと記憶しています。この制度の利用は、わが子への支援が手厚くなる私たち保護者のみならず、**幼稚園側も加配要員の配置（費用）が得られますから、私たちにも幼稚園にもメリットがある、つまりＷｉｎ－Ｗｉｎの関係を築くことができます。**

これらのことから私自身は、「告知をするべきだ」という強い確信を持っています。

④同級生の親への告知

いわゆるママ友です。彼女たちに対しては、診断名まで伝える必要は無いと思います。先ほど、先生方に対しては告知するべきと書きました。そうすると、先生方から「お子さんの件、他の保護者の方に対してご説明してもよいですか」、または「保護者の方から他の保護者の方に対してご説明をお願いできませんか」と問われたり、依頼されたりすることがあります。これも、断った方が無難だと思います。なぜならば、ママ友に伝えるのは世間一般への告知とほぼ同じになるからです。彼女たちは、先生と異なり守秘義務を負っていません。一度そのことが伝わったならば、わが子はもう未来永劫《えいごう》障害者のレッテルを剥がすことが難しくなります。

私は、**「障害の有無は子ども本人の個人情報。ゆえに、親といえどもその取り扱いには細心の注意が必要**で、軽々に本人の同意なく伝えるべきではない」と考えます。障害の程度や年齢等により、本人が同意できない場合があるのはやむを得ないことと理解できますが、それでも同意をする・しないの選択権は、第一義的には本人にあります。だから私は、本人が自ら意思を表示できるその時までは、親が先走らずに待つべきだと考えています。

ただこれは、診断名を伝えることを念頭に置いています。不得意なこと、苦手なことを個別に事例として伝えることは、両親と同様特段問題ないと考えています。例えば、「うちの子は大声が苦手なので……」、「じっとしているのが苦手なので……」という伝え方であれば、言われた側もどう対処すればよいのか分かりやすくなります。

正直なところ、これは辛い選択になる可能性が高いと思います。言えたらどんなに気が楽か、という点では、両親に対する告知と同じです。

3　きょうだいへの理解と対応

前項で、きょうだいについても若干触れました。ここでは、別の視点からもう少し突っ込んで考えてみたいと思います。

家庭直営業務の従事者は、夫婦が基本です。もしかしたら理解のある同居の両親がマレに加わる程度、というのが現実的かと思います。これに、外注先として療育施設の先生や主治医、更に子どもの一時預かりサービスや家事代行等が加わるイメージです。大した量とは感じられなくても、これらをうまく体制に組み込めれば、役割分担も明確になり、家庭もうまく回りはじめるようになります。但し、ここで「きょうだい」は、戦力としてカウントすべきではありません。健常のわが子を、「業務」に巻き込まないよう留意が必要です。

お子さんが一人しかいない場合、本項は関係ありません。けれども、既に第一子がいて、第二子或いは第三子が発達障害だと告知された方もおられるでしょう。または、一、二歳差の場合、後に発達障害と告知される子の下に、既に弟や妹がいることもあり得ます。いずれの場合も一人っ子の場合とは異なり、親と子の単線の関係ではなく、「親と障害のある兄弟姉妹」、「親ときょうだい」、「きょうだいと障害のある兄弟姉妹」、という三角形の関係となることから、その関わり合いも当然複雑になります。

きょうだいたちは、幼い頃から障害のある兄弟姉妹と一緒に成長します。きょうだいとして多くの時間を共有し、一生のうちのかなりの部分、年齢差を考えれば多くの場合親よりも長い期間、その人生が重なります。もちろん、きょうだいたちが成人後も障害のある兄弟姉妹と生活を共にするとは限りません。でも、その存在が消えて無くなることはなく、折に触れて影響してくることでしょう。

きょうだいたちの育つ環境は、得てして障害のある兄弟姉妹が優先され、親が自分に十分に構ってくれない、障害のある兄弟姉妹の要求は通りやすいのに自分の要求は通りにくい、何かと面倒を見させられる、障害児の家族として友達から揶揄される、或いはそれを理由にいじめられる、外出先で障害児の傍にいることで好奇の視線にさらされる、長じてからも障害のある兄弟姉妹の存在が妨げになることを恐れ恋愛に臆病になってしまう、場合によっては、親が死んだ後、きょうだいとして障害のある兄弟姉妹の世話を一身に背負わざるを得なくなる……というような、きょうだいでさえなければ経験することのない我慢や負担を強いられる経験を、かなりの高率ですることとなります。

彼らは、好きできょうだいになったわけではありません。このことを、親は真摯に受け止めなければなりません。

私たちは、親として障害のある子だけではなく、幼いなりに親を慮り、自分の正直な気持ちを抑え込みがちなきょうだいに対しても、その存在を受け止めていることを態度で示し、本心を聞き出すよう配慮しなければなりません。きょうだいとしての思いを吐き出せる人や場所、一時でもきょうだいとしてではなく一人の人間として振る舞える機会を用意することも、追々でもよいので考えてあげて欲しいのです。

きょうだいは、要求される兄弟姉妹の面倒見が、一般的なレベルから考えれば遥かに高い次元となりがちです。しかも年端も行かぬうちから、それを当然のように要求されがちな点についても、留意が必要です。

もしかしたら、障害のある子への対応だけでも大変なのに、健常のきょうだいに対してまで配慮する余裕はない、という思いがこみ上げるかも知れません。でも、親は大人です。ここはグッとその思いを飲み込んで、一言でも二言でもよいから、きょうだいたちに明るく優しいことばを掛け、わずかな時間を割いてでも、障害のある子が関わらない環境を作り、きょうだいと親だけの特別な時間を持てるよう配慮しましょう。親がきょうだいに対し、私は「あなたを大切に思っている」という姿勢を具体的に示すことで、きょうだいの負担感は変わります。負担そのものは減っていなくても、です。

私たちが目指すのは、家庭生活の継続であり、その前提となる健やかな家庭環境の構築・維持であることを忘れないようにしましょう。正直なところ、きょうだいとだけ過ごすひと時は、親にとってもちょっとした息抜きの時間として機能します。存分に楽しみましょう。

4　公的資源

(1)　本人の努力と環境調整

できなくて困っていることへの対応には、ざっくり二つの方向性があります。

① 本人がやり方を身につけられるよう教え方を工夫する。
② 本人が既に持っている能力等で何とかできるように環境を整える。

例えば、自分が歩けなかったとします。その場合に、最初は立つところからはじめ、次に松葉杖を使い、いずれ松葉杖なしで歩けるように少しずつ距離を伸ばしながら独力で歩けるように努力するのが①のやり方です。これに対し、必要なのは自分の意思での自由な移動だと考え、自力歩行にこだわらず車椅子を使ったり、その車椅子での移動をスムーズにできるように段差を無くしたりエレベーターを備えたりするのが②のやり方です。

日本人は一般的に努力や精進を好むため、どうしても①を志向しがちですが、①は本人のかなりの努力が必要で、挫折リスクも高くなります。では、②はどうでしょうか。②は本人の努力は少なくて済むものの、車椅子の購入、段差の平坦化、エレベーターの設置等にお金がかかります。このように②は、自力でまかないきれない場合や、行政等の協力が必須な場合が多くなります。どちらか一方に偏らず、場合と内容によって①と②を使い分けるのが現実的になってきます。

①の方向性には、行動の変容を目指すＡＢＡ（応用行動分析）が取り入れられることも多

く、また②の方向性は、環境調整という面では構造化や視覚支援を行うような理念を持つTEACCHとの親和性があると感じています（ABA、TEACCHとも代表的な療育スキル・概念です）。

療育も、一つのアプローチに特化した療育施設は少数で、個々の課題に合わせ良いところを取り入れたプログラム構築が多くなってきています（療育スキルについては奥が深く、語りつくせません。それらの解説書をご参照下さい）。

（2）障害者手帳の取得

日本において障害者として生きていくことを「選択する」ならば、そのための「手続き」が必要になります。このサラッとした一文は、かなりの重みがあります。「選択する」と「手続き」に着目して考えてみます。

先に、「手続き」の果たす役割を考えます。これは、もし、**本人や親が何も手続きをしなければ、子どもが客観的にはどう見ても障害者であったとしても、国や自治体は障害者として扱ってはくれない**ということです。障害者として生きるために必要な支援を得るためには、福祉とのつながりは不可欠です。そのためには、障害者手帳（以下、「手帳」と表記します。）の取得が必要になります。かかりつけの児童精神科医に定期的に診てもらっていても、それだけでは障害者として扱われません。更に言えば、その児童精神科医に診断書を書いてもらっても、それが直ちに福祉の手続きにはつながっていかないのです。

次に、「選択する」です。ここも留意点で、「選択する」≠「放っておいても当然そうなる」ということです。だから、障害者としての対応を国や自治体に求めるのであれば、それは本人（もし本人が意思を表示できなければ、保護者である親）が「選択する」というプロセスを経る必要があり、その決定権も本人（親）にあるのです。

だから、例えばあなたが幼稚園の先生にわが子の障害を告知し、加配手続きをしたとしても、これとは別に手帳取得に向けた手続きを進めなければ、手帳は交付されません。結果として国や自治体から障害者として扱われないことになります。これを逆手に取って、診断は受けても手帳の取得は目指さないという選択もあり得ます。

手帳の申請は、国や自治体に対して支援を得るために「わが子が障害者である」と申し出る行為としての側面があり、レッテルを貼られたくないという考えから、手帳の申請に二の足を踏む方もおられます。特に「精神障害」は、良し悪しは別としてかなりのインパクトがありますから、そうなるのもやむを得ないでしょう。

しかし、**手帳の取得を目指さない選択は、子どもに対して福祉から手が差し延べられにくくなることとほぼイコール**になります。手帳の取得の是非を後で判断するとした場合でも、もし診断してもらう等の目的で児童精神科を受診された場合は、受診状況等証明書（日本年金機構のサイト参照）の記入をお願いし、それはしっかり保存して下さい。将来、障害年金の申請時等に必要になります。障害者手帳の詳細は、自治体の福祉担当課にご照会下さい。

（3）手帳取得のメリット

私の感じる手帳取得のメリットは、本人について大抵の科学館、博物館、美術館、動植物園、遊園地等の入場料や一部の公共交通機関の運賃等が減免され、付き添いの保護者も大抵一名は減額されること、また扶養に入っている場合は所得控除の対象とされ、納税額が低くなること、等が挙げられます。

加えて、遠い将来の話となりますが、手帳の取得には障害者就労への道が開けるという更に大きなメリットがあります。執筆時点（平成二十七年）で、企業には障害者雇用促進法に基づき、雇用する労働者の二．〇％に相当する障害者の雇用が義務付けられており、この雇用率達成のために手帳所持者への採用ニーズがあります。中には、名の知られた大きな会社でも障害者採用を行っていますので、将来は障害者雇用枠での就労もあることを、頭の片隅に留めておいて下さい。これは言い換えると、障害者の自立のために一般就労という社会での競争（いわゆる「就活」）以外にも、就職できる道が別にあるということで、少し希望が感じられる事実だと思います。

（4）障害者福祉サービス受給者証

障害者手帳が、障害者としての身分証明書であり障害者割引や税の減免を受ける等の「守り」のツールだと捉えた場合、障害者福祉サービス受給者証（以下、「受給者証」と表記します。）は、自らのニーズに基づき自立訓練や就労移行支援等の福祉サービスを受けるための「攻め」のツールだと言えるかも知れません。

受給者証は、障害者手帳とは別物です。児童福祉法や障害者総合支援法に基づくさまざまな福祉サービスの受給には、受給者証の取得が必要です。なお、この取得手続きは、事前の手帳の取得によりスムーズに進むことが多いものの、手帳の取得はＭｕｓｔではありません。

受給者証取得のミソは、サービスの利用に必要な費用のかなりの部分が公費負担となる、言い換えると利用者側（私たち）の負担額がかなり低めになることです。主に十八歳未満の発達障害の子に関わるサービスは、①児童発達支援、②放課後等デイサービスの二つがメインになります。①は未就学児、②は就学児が対象であるものの、いずれも主な内容は、日常生活における基本的な動作の指導、集団生活への適応を目指すこととなっています。まさに療育そのものの一部と言えます。

世の中、新しい制度に着目して事業化を試みる人・企業というのはあって、この制度の上手な利用を前提としたしくみを作って運営している団体も増えてきました。なおこの制度の利用は、児童支援計画の策定、判定会での判定を経て利用日数が決定され、その日数内で施設と契約をして利用を開始するというプロセスを経ます。この点、費用を全て自費でまかなう普通の療育施設とは異なり、所定の手続きを踏む煩雑さが加わります。でも、低負担はやはり魅力です。

近所にこのような施設が無い場合はどうにもなりませんが、近くにあって利用を検討するなら直接その施設に問い合わせ、知恵を頂きながら手続きを進めましょう。行政手続きに関わることもあり、厳格な役所対応を無難に乗り切るためにはそれが最も効率的だと思います。なお、施設側もあなたへの説明は事業活動の一環ですから、しくみや留意点等についても丁寧に教えてくれるはずです。

3部

就園・就学のアプローチ。

告知から受容を経て家庭生活継続計画を策定し、療育体制を組めれば、当面は淡々とそれを実行、状況の変化があれば、適宜計画を修正して対応していく。

それにより家庭生活がうまく回るようになれば、本書の目的の過半は達成されたこととなりますが、至近の一大イベントとなる就学までの流れの把握が、計画策定の一助になるため、ここでは就園・就学に関わる事項についてお伝えします。

6章

就園に向けて

1　幼稚園入園時の選択

障害告知が三歳前後だとすると、保育園はほぼ入園済な一方、幼稚園は入園申込が間近な場合も多いでしょう。これから幼稚園を選択する場合、取り得る手段は大きく三つあります。

（1）何もせず、そのまま幼稚園に入園する。
（2）幼稚園に障害を告知して入園する。
（3）入園しない・延期する。

それぞれの場合について、考えてみましょう。

（1）何もせず、そのまま幼稚園に入園する。

率直に、これはお勧めできません。確かに年少での入園の場合、周囲にまだオムツが取れていない子や、毎朝登園渋りを起こして泣いてしまう子もいて、その中に紛れ込めると考えてしまうのも無理からぬことです。しかし、幼稚園の先生も教育のプロです。恐らく、遅くとも夏休み前頃には、あなたの子の発達について違和感を持たれるでしょう。もし持たれなかったら、ホッと安心すべきではなく、むしろその幼稚園の先生方の教育者としての資質、子ども観察能力を疑ってよいくらいです。

幼稚園側からは、集団生活になじめないこと、先生の指示に従った行動を取れないこと、場合によっては周囲の子を叩く等の他害行動があること等の事例を、個人面談等で指摘される可能性が高いです。もちろん、幼稚園の先生は臨床心理士と同様医師ではないので、診断はできません。けれども、前述の事例を基に幼稚園の先生からお話があった時に、シラを切るのはかなり厳しいはずです。

これだけには留まりません。このような話を先生から頂く頃には、教育熱心な幼稚園の保護者（役員等）の方々の間でも、あなたの子の「特徴」が、噂として広がっている可能性が高いのです。更に、その対応のために先生が忙殺されている、時間を取られて全体活動が遅々として進まなくなっていて、大多数の子が放置されているという状況に対して、親としての苛立ちや心配の気持ちから、原因者であるあなたの子が悪者扱いされることも多くあります。結局、この選択は何の得にもなりません。

(2) 幼稚園に障害を告知して入園する。

周囲への告知の項でもお話ししたように、私は幼稚園に対しわが子の障害について告知すべきだと考えます。入園を希望している幼稚園が、地域の人気園で毎年選抜が行われている場合、「告知が原因で落とされたら……」と不安になるのは分かります。でも、薄情なようですが、そのようなことがあればそれもやむなしです。その理由は、仮にそのような幼稚園に入園できても、あなたの子がなじんで適応できる可能性は、ほぼ皆無だからです。

実際には、障害を告知しても入園を断られない幼稚園は、地域に一つや二つは必ずあるはずです。その幼稚園には、以前に障害のある子を受け入れた経験とノウハウがあることに思い至れば、最初からそういう園を選んだ方が得。だからこそ、何の情報もない猪突猛進を避けるためにも、療育施設で出会う親からの事前情報収集は、重要になります。

（1）で書いた問題点が顕在化する前に正直に障害を告知しておけば、幼稚園も周囲も、そしてあなたも加配等のマンパワーを確保できて、わが子の面倒をよりきめ細かく見てもらうことができるＷｉｎ－Ｗｉｎな環境を手に入れることができます。

わが家の場合、次女は加配の先生がつくことで、親の手を離れるお泊り合宿にも参加できる等、幼稚園生活を彼女なりに楽しんで過ごせました。これは、告知することなしには得られなかった経験だと思います。

（3）入園しない・延期する。

障害の程度が重い場合、このような選択も脳裏に浮かびます。でも、私ならば断られない限り幼稚園に加配手続きをお願いして、毎日でなくてもよいから幼稚園に通う選択をします。理由は、「子どもは子どもから学ぶ」からです。

もちろん、子どもが親や先生から学ぶこともあります。でも、幼小中と年齢が上がるに従いその比率は段々下がって、中学生になる頃にはせいぜい一割程度というのが私の実感です。学習面だけなら、もっと割合が大きいかも知れません。けれども、その他の生活面ではどうでしょう。私たち自身の育ちを振り返ってみれば、私の申し上げていることを理解頂けると思います。子はいずれ、親離れしていくものです。

大人は、子どものレベルに合わせて一段下に降りた対応ができます。一方、子どもは子どもに合わせて教えるようなことはできません。特に幼ければ幼いほど、むき出しの感情と率直な表現をぶつけてきます。だから、大人からの方が学びやすいと考えられるかも知れません。「それでも」というより「だからこそ」、子どもは子どもの中にいることで、育ちを加速させるように感じます。健常の子も、幼い時には最後には親に頼ることも少なくありませんが、お友達同士で遊ぶ際には、大抵の場合親はそっちのけでお友達との関わりに夢中になっています。

私たちは、子ども同士の関わりによる育ち合い・学び合いには、大人の介入不可能な部分があることを、受け入れなければなりません。

それでも幼稚園には行かず、療育施設に特化して過ごして就学を迎える選択を志向する方もおられるでしょう。但し、その実施にはかなりの費用がかかります。また、ご家庭でも療育施設と連携した取り組みが必要となりますから、それにかかる親の時間的労力的負担も大きくなります。

障害の告知直後は、「親の私が何とかしなければ」という強い思い、使命感にも似た熱情に突き動かされてしまうことがあります。けれども、トップスピードで走り続けられる時間は、チーターといえどもそう長くはありません。燃え尽きて後が続かなくなると、鬱になるリスクが高まります。この選択は、親以外にもお金でかなりのマンパワーを追加投入できなければ、現実的ではないでしょう。

余談ですが、実際に莫大な費用をかけて療育を行った例はあります。誰のことだかお分かりになりますか。ヘレン＝ケラーです。

ヘレン＝ケラーは、恐らく発達障害では無かったものの、「見えない・聞こえない・話せない」の三重の障害を持っていました。一方で大金持ちの家の娘で、親はヘレン＝ケラーへの指導を工夫し、根気強く献身的に療育を行ったサリバン先生を個人家庭教師として雇うことができたという事情は、もっと知られてよいことでしょう。

2 幼稚園に通うと

幼稚園では、運動会、発表会、夏祭り、クリスマス会、保護者参観等の行事の場で、わが子と周囲の子の比較が容易になります。

多くの同級生に囲まれた中でのわが子の行動を見ると、やはり周囲の子との明らかな違いを再認識することになります。先生の指示に従って、絵を描いたり工作をしたり歌を歌ったりという課題に、全く取り組めていないことも残念ながらあり得ます。課題ができていないだけならまだ良い方で、キチンと座って話を聞くこともできずに、床に寝転んだりフラフラと外に出て行ったり、ということもあり得ます。或いは、それ以前に登園のために家から出そうとするたびに、泣く、暴れる等の抵抗にあうことも珍しくはありません。

幼稚園では、担任の先生に日々の様子を連絡帳に書いてもらうことで、わが子の幼稚園での様子がある程度分かります。ただ、最初から全ての集団行動に参加できるように、等と力まない方がよいとは断言できます。例えば、少なくとも最初の一年間は、「同学年集団に慣れてもらえばよい」、「行くことを嫌がらなくなりさえすれば上出来」くらいの大らかな気持ちでいた方が、後々良い結果を生むことが多いと感じます。「そんな程度でよいの？」と思われても、現実的には、ただ通えるようになるだけでもかなりの紆余曲折が想像されるのです。

一方で、日々発生する個々の問題行動は、放置せず速やかな対処が必須です。わが子の「たくさんあるできないこと」を何とかしたいとの思いは理解できますが、まず最初に取り組むべきは、わが子が周囲から受け入れられやすい行動を取れるための療育です。周囲の子ももちろん幼いのですが、幼いなりの社会性というのはあって、まずその社会での禁忌をわが子が犯さないように導く必要はあります。具体的には、順番を守る、人のものと他人のものを区別する、叩かない、悪いことをしたら謝る等のことです。

簡単なことだけに、それができないとかなり周囲から浮き、また皆が単純かつ一様の価値観を持つだけに、総スカンを食います。むしろ、寛容とはほど遠い、悪いものを悪いとハッキリ言う幼稚園児の社会性を侮ってはいけません。「○○ちゃんはわるいことをしたんだよ」、「どうしてわるいことをしたのにあやまらないの？」、「あやまってよ！」と問われたり要求されたりした時に、幼稚園児にも分かる平易な理屈を組み立てての説明は、かなり厳しいでしょう。

ただ、子どもにとっては、まだぼんやりとしていた社会との最初の接点として、このようなハッキリと分かりやすい環境は、取りつきやすいはずです。子どもが子どもから学ぶとは、お互いに分かりやすい直接的なことばや表現で接することから生まれてくる事象なのかも知れません。子どもが子どもに囲まれる環境が、まさに社会の入り口としての機能を果たしていると理解すれば、幼稚園での経験もわが子の成長に役に立つ大切な過程だと受け止めることができます。

3　幼稚園と療育施設

通園先が障害に精通し、十分な療育的働きかけをしてくれることはマレであるため、入園を契機に療育施設をやめることは無いと思います。恐らく幼稚園の三年間は、幼稚園と療育施設のかけもちとなります。

1で、「幼稚園に子どもの障害を正直に告知すべき」とお伝えしました。でもそれは、幼稚園へのお任せまでも意味するものではありません。親が幼稚園と療育施設の間に立って、双方の情報の仲介や、子への支援の連携を橋渡しできるような関係を構築する必要があります。

私は、療育施設の最大の弱点は、集団指導が難しいことだと考えています。療育施設には、さまざまな年齢や発達段階の子が通ってきます。単純に彼らを同じ場所に集めただけで、実りある集団指導ができるわけではありません。ある程度レベルが近い子を揃える必要がある一方、常にその集団を作れるとは限りません。障害児の人口密度は低く、一つの療育施設で同レベルの子が揃うことは、かなり運と偶然が作用します。

従って、療育施設では個別指導になりがちです。個別の状態と集団の状態ではわが子の気持ちも異なるため、ある課題について個別指導ではできても、集団の中ではできないということが起こります。このような場合に、幼稚園と療育施設の両方の先生の教え方や取り組んでいる内容、周囲の状況を突き合わせて、集団の中でできない原因を突き止め、その原因を取り除くための対策を考えなければなりません。親が療育施設と幼稚園の間に立つことは、このような状況の改善のために必要となるのです。

こういうやり取りは、療育施設側ではあまり抵抗がない一方、幼稚園側は、問題行動に対する療育施設側からの提案を素直に受け入れるとは限りません。先生が、我流に固執するケースがあり得ます。このような時は、幼稚園の先生に対し、療育施設側からの提案の実践は幼稚園の学級運営にとってもメリットになる、即ち問題行動が減って先生の負担低下が期待できることを、私たち親が分かりやすく説明し、提案の受け入れに向け説得していかねばなりません。理屈が分かって自分の利益にもなるならば、それに対して抵抗する人はいませんから、幼稚園側は半信半疑であっても「お試し」してくれる場合が多いでしょう。このような正の循環ができれば、幼稚園生活が充実していくこととなります。

4　幼稚園の行事では

幼稚園の各種行事におけるわが子の取り組みの成否は、実は最後は運です。事前にさまざまなケースを想定し、相応の準備や対策（触覚や聴覚過敏対策・場所が分かる目印・指導力のある子の近くへの配置等）を施しても、最後は運なのです。なぜならば、事前のリハーサルでは当日のように大勢の大人に囲まれたり、その大人が来ることで同級生のテンションが上がったり、先生方も緊張して口調が変わったり等のことは経験できないからです。わが子が、いつもと全く異なる雰囲気に飲まれて固まる、或いはパニックに陥ることも珍しくはないでしょう。

成功を祈るような思いで会場に行ったのに、ハレの場でのわが子のそのような様子を見るとガッカリ……する必要は全くありません。人目も気にせず、自分の世界に入って一人遊びをしていた頃に比べれば、格段の進歩です。遅ればせながら、周囲を見る目、社会を意識する若芽が内部で育ってきたのです。このように前向きに捉えることで、ネガティブな気持ちを振り払うことができます。

周りの子の成長に目を奪われず、わが子の成長に注目して、その成長を把握できるわが家の物差しを持つ。この視点は大事です。家族一人ひとりの幸せの量が、大きく変わってきます。

7章 就学に向けて

1　就学先の選択は一大決断ポイント

年少、年中と進むに従って、遅くとも着実にわが子が成長し、できることが増えたと感じられるようになります。実際、成長するほど問題行動が深刻になるという例はマレで、自分の経験で言えば、三〜四歳くらいが問題行動のピークとなり、その後減ってきたと記憶しています。いよいよ年長となると、就学が最大の関心事となってきます。

子どもが生まれてから小学校入学までの間で、就学先の選択は一大イベントであり決断ポイントだったと今も思います。なぜなら**この選択は、子どもの人生の方向性をほぼ決めてしまう可能性が大きい**からです。率直に言えば、**「障害者として生きるのか、健常者として生きるのか」**です。本来は、このような二者択一的な選択の方がおかしいのです。それでも、今の大きな枠組みの中では、事実上どちらかの選択とほぼ同じになるのです。

（1）特別支援教育とは

特別支援教育ということばは、初耳の方も多いでしょう。私たちが子どもの頃は、特殊教育と表現されていたと思います。まず、文部科学省のサイトの「特別支援教育の理念と基本的な考え方」のページには、【「特別支援教育」とは、障害のある幼児児童生徒の自立や社会参加に向けた主体的な取り組みを支援するという視点に立ち、幼児児童生徒一人ひとりの教育的ニーズを把握し、その持てる力を高め、生活や学習上の困難を改善又は克服するため、適切な指導及び必要な支援を行うものである。また、すでに述べたとおり、現在小・中学校において通常の学級に在籍するＬＤ・ＡＤＨＤ・高機能自閉症等の児童生徒に対する指導及び支援が喫緊《きっきん》の課題となっており、「特別支援教育」においては、特殊教育の対象となっている幼児児童生徒に加え、これらの児童生徒に対しても適切な指導及び必要な支援を行うものである。】と記載されています（ＬＤは学習障害、ＡＤＨＤは注意欠如・多動性障害のことで、いずれも発達障害の一つです）。

ここで注目すべきは、未就学児も対象であること、文部科学省も通常学級での発達障害児の在籍を認識していること、そして特別支援教育の理念に従えば、障害のある子に対し、通常学級であっても適切な指導及び必要な支援を行うこと、が明記されている点です。通常学級に入ったら健常の子と全く一緒に扱う、支援は何もしないなどとは書かれていないのです。

しかしながら、現実問題として通常学級に入れたものの、何も手をかけてもらえないという声をよく聞きます。理念は理念としてあるものの、社会情勢の変化に意識がついていけない先生もおられますし、意欲があってもそれに必要な指導ノウハウを持つ先生も不足しています。意識とノウハウが揃わなければ、特別支援の理念もまさに「絵に描いたモチ」のように、私は受け止めています。

また、子の知的能力が高い場合は、悩み方が異質になります。特別支援学級（情緒）の設置自治体が多くない以上、やむなく通常学級を選ぶことになります。これは、必然的に健常者として生きる選択と結びつきやすくなります。更に手帳を取得しない選択をすると、就職も一般就労となります（なお、手帳は後で取得することもできます）。この方向で大丈夫だと今から判断できる人も、あまりいないのではないでしょうか。

（2）情報収集

私の住む地域の自治体では、年長の六月の初旬に、通っていた療育施設から特別支援学校・学級についての説明会の案内がありました。その説明会に参加する前は、「障害児向けの説明会だから、参加者もそれほど多くはないだろう」とタカをくくっていました。ところが、会場に着いたら既にホールがほぼ満員でした。

その場では、当然発達障害だけではなく知的障害や身体障害等の説明もあり、最寄りの特別支援学校・学級の設置校の紹介、それぞれの見学会の案内等が行われました。

障害もさまざまであることを改めて感じましたし、周囲の参加者も皆真剣で、わが子の将来を案じていることが伝わってきました。

（3）完全無欠の進路はない

わが子がどのような環境に身を置くのが一番良いかを考えて、学校・学級を選んだとしても、子ども一人ひとりの状況に完全に合ったところはなく、「ここなら完璧だ」と感じられる環境は、残念ながらまずありません。次に、「まあこれなら大丈夫だろう」くらいにレベルを下げても、それすら覚束《おぼつか》ない場合も多くあります。そうなると当然候補となる進路の得失を分析して、不都合・不具合を最小限にできる就学先を考え、選択候補を絞っていくことになります。でも、これは裏返せば「多少の不都合・不具合には目をつぶる」のと同じで、不都合・不具合を甘受する辛さも生じます。

（4）進路の実際

発達障害の子の進路は、基本的に、①通常学級、②通常学級＋通級指導、③特別支援学級（情緒）、④特別支援学級（情緒）＋交流、⑤特別支援学級（知的）、⑥特別支援学級（知的）＋交流、⑦特別支援学校、のいずれかになるはずです。この区分には重複障害が隠れています。⑤〜⑦は発達障害のみならず、知的障害を重複している場合の選択肢です。また、②の通級指導と④、⑥の交流は、いずれも自治体によって学級の有無や希望の通りやすさが異なります。なお、③、④の特別支援学級（情緒）も、設置されていない自治体があります。

通級指導と交流は混同されることもありますが、明確に違います。通常学級に在籍し、週一回程度指導が必要な児童だけが集まるのが通級指導。特別支援学級に在籍しつつ、通常学級の生徒と一緒に学べそうな教科の授業を一緒に受けるのが交流です。在籍する学校・学級は、健常児と同様にあくまでも一つです。②、④、⑥は、そこに在籍しながら、適切な支援を受けられる場所や環境を適宜取り入れる形になります。

（5）多くの条件の整理法

多くの選択肢の中から、どのように考えて選べばよいのでしょうか。ここでは、私なりの整理を一例としてお伝えします。

まず、子どもの特性を箇条書きにしてみます。できること、できないことを書き出すのです。例えば、知的能力は正常域か障害域か、一人でトイレに行けるか、ことばを発するか、人の話を聞けるか、ジッと座っていられるか、学級全体に出された指示に従って行動できるか、食事の準備が終わるまで待てるか、運動能力はどうか、等を書き出してみます。

実は、この条件整理で最も重みを持つのは知的能力です。知的能力が障害域にかかるくらい低い場合、文部科学省の検定を通過した教科書の内容の理解は、困難になりがちです。学校生活の中で一番多くの割合を占める授業時間で、その内容が理解できないのは、子ども本人にとってつまらない時間が長く、学校生活が辛くなることを認識しなければなりません。ちなみに、知的障害の有無については、一般にＩＱ70くらいが基準とされるようです。でも、実際はＩＱ85以下となると、授業内容の理解がかなり厳しくなるとも言われています。最初に知的障害の有無を基に考えることで、大きく①～④か、⑤～⑦のどちらかに絞られます。

次に、（学校はあると思いますが）希望する学級がお住まいの自治体に設置されているかも大事な判断基準になります。お住まいの自治体にこれらがフルラインナップで設置されているとは限りません。無いものは選べず、あってもその自治体に一つしかなく、居住地と物理的な距離が離れていてその送迎に関わる親の負担が大きいとなると、実際に通うのは困難でしょう。残った選択肢の中で、わが子の能力が一番伸ばせ、かつ生きるためのスキルが一番身につきそうなところを選択することになります。

ここまででも、かなり候補が絞られたと思います。最後は、客観的かつ納得性をより高める判断根拠は、多分ありません。健常児であっても、一〇〇％満足できる選択など無いのが実態で、その中でベターなものを選ばざるを得ないのです。

なお、通常学級を選ばないのは、教科書を使わない環境の選択とほぼイコールで、後の進学・就職の場面での方向性も、この時点である程度定まることになります。完全に決定ではないものの、わが子に一般社会の中で健常者と同等の条件の下で生きることを目指させるべきなのか、障害者として生きることを受け入れさせるべきなのか、の選択でもあるのです。

2　通常学級を選択すると

(1)　教育委員会や学校の勧め

これまでは、当たり前のように親の主体的選択を前提としてきました。でも自治体によっては、教育委員会と学校がタッグを組んで、親に対して一つの進路を強力に勧めてくることもあるようです。それが、親の思いと合致していればよいのですが、異なる場合、彼らの強力なタッグにどのように立ち向かい反論していくのか。逆に、どのように気持ちの折り合いをつけていくのか。いずれも難しい課題となります。

ほとんどの場合、教育委員会や学校の先生方は特別支援学校・学級を勧めてきます。でも、親はやはり通常学級に入れたい……よくあるケースです。ここでの留意点は、教育委員会や学校も、決して意地悪で勧めてくるのではないということ。だから、まず親の個人的な思い入れにより、客観的には子どもにとって不適切な選択・判断をしていないかの再検討が必要となります。通常学級での学びが、本当にわが子の成長から見て最適なのか、です。

(2) インクルーシブ教育とは

更に、この時には、イデオロギーや理想論を捨て去るべきです。昨今、障害者権利条約にも定められたインクルーシブ教育に対する認識が広がり、その理解も進んできています。インクルーシブ教育とは、「障害のある子どもと障害のない子どもが、できるだけ同じ場で共に学ぶことを目指すべき」という考えに基づいており、要は障害があっても健常児と一緒に学ぶことを志向するものです。このことは、受け入れ態勢がキチンと整っているのであれば、私も賛成します。

しかし、現状では受け入れ態勢が整っているとはとても言えません。教育に対する国の施策は、かなりお寒いのが実態です。このような状況下で、就学先として通常学級の選択が本当にわが子のためになるのかは、熟慮を要します。

確かに、インクルーシブ教育の方向性は素晴らしい。しかし、その理念が先行し態勢作りが追いついていない現状で、わが子が前例のない取り組みで生じる苦労を敢《あ》えて背負うべきなのかという、大きなジレンマに直面します。

（3）対応レベルの低下の甘受

通常学級にこだわる親御さんに対して、学校側が「お子さんの状態を見る限り、通常学級の選択はお子さんのためにならないと思います。この子に向いた環境が他にあるのに、なぜそれを選ばないのでしょうか」と問いかける。あなたならこのような問いかけに対し、どのように回答されますか。「この子にとって、通常学級が学ぶのに最適の環境だと判断しました。なぜならば……」と、確信と根拠を持って答えられなければなりません。

学校側は、集団教育という学校の機能を重視し、その円滑な実施を目指しています。これも、その視点と彼らなりの経験からの問いかけであって、やみくもに言っているわけではないのです。私たちは、それを覆せるだけの理屈や根拠を用意しなければなりません。

それでも、自らの決断として突っぱねることはできます。その場合、特別支援学校・学級の選択時よりも、学校の対応レベルが下がることも甘受しなければならなくなります。もちろん、下がった対応レベルの回復、更なる向上を要求し続けることになる一方で、さまざまな制約があるなか、どの程度反映されるのかは不明であり、かなりの覚悟が必要です。

(4)お試しは危険

インクルーシブ社会の創出は、確かにそうあるべきものでしょう。しかし、その成否は不確実な状況です。幸運を期待して一か八かの賭けに出るのは無謀です。何よりも、この賭けに敗れた場合にそのしわ寄せを受けるのは、親ではなくわが子なのですから。

「うーん、どうしよう」と悩んでいる時に、脳裏にこのようなささやき声が聞こえてきます。「通常学級に入れたいという思いは抑えられない。だから、まず通常学級に入れてみて、それでダメなら特別支援学級へ移ればよいのではないか」と。この考え方は、とても魅惑的で、一筋の光明のように思われるかも知れません。でも、私はこのささやき声に従うべきではないと考えます。

今一度、前段落をよく読んで下さい。特にご留意願いたいのは、「ダメなら」という部分です。「ダメ」だと判断するのは誰で、その判断基準・根拠は何でしょうか。多分その答えは、「誰」→「親」、「基準・根拠」→「子どもが学校の授業についていけなくなったら」ｏｒ「子どもが登校を強く嫌がるようになったら」となるでしょう。

実は、もう一人判断者がいます。それは、最初から「ダメ」だと判断している学校の先生ではなく、学校生活への不適応を全身で表現している子ども本人です。確かに、子どもが自分の立ち位置を客観的に把握したうえで「もう、通常学級にいるのはイヤだ。特別支援学級に行きたい」と言い出す例は、それほど多くは無いでしょう。でも、「もう自分はここではやっていけない」、もっと言えば「自分の居場所はここにはない」ことは、子ども本人も分かっています。いいえ、分かっているという言い方は穏便に過ぎます。「骨身に染みて思い知らされている」のです。

発達障害の子を育てていくうえでの肝は、自尊感情の維持、自己肯定感の醸成です。これから先の人生においても、わが子が自分を大切に思う気持ちを維持できるよう、私たちの意識と配慮の継続は必須です。「自分は、通常学級でダメだった。ついていけなかった……」との思いをわが子が抱えることになった場合に、自尊感情が大いに傷つくのは自明です。安易にお試しを選ぶべきではない、と私は思います。

（5）ワンランク上を目指したい誘惑

親の欲目は、どうしても残ります。でも、欲目によって親が冷静な判断をできなければ、その判断に従って就学した子どもが苦しむことになります。

親は、どうしてもわが子の能力と比較して、ワンランク上を選ぶ傾向にあると伺います。即ち「特別支援学校が適切なのに特別支援学級を選ぶ」、「特別支援学級が適切なのに通常学級を選ぶ」ことが、少なからずあるのです。こうなると、それぞれの学校・学級での適正な人員数に基づき配置されている教員の負担も、必然的に重くなります。教員はワンランク上という不適切な選択をした子への指導に手間と時間を取られて、適切な選択をしたはずの子への指導がおろそかになる事態もあり得ます。或いは、先生方が本来レベルの支援までしかしないと割り切った場合、ワンランク上の学校・学級に入った子にとって必要な支援は、明らかに不足します。このようなことを考えると、自分の子をワンランク上に……と考えるのは、建設的ではありません。そこが適切だと思われる子を巻き込み、共倒れへの道を選んだと非難されても反論できないでしょう。

本来行くべき適正な学校・学級の選択で、何か不都合が生じるか。そんなことはまずありません。それぞれの環境の中でも、人との関わりは学べますし、穏やかな時間の中で人のために役立つことの満足感を十分に味わえるなら、それはとても意義があるはずです。

(6) 私の選択

これらを頭の片隅に置いて、わが子を通常学級に入れてよいかの判断をすることとなります。明確な判断基準はありませんが、入れた後の十分条件として、「わが子が喜んで学校に通っているか」、また「わが子が学校で習う内容や周囲との関わりに興味と熱意を持続できているか」、更に「ここで学ばせることが将来の幸せに結びつくか」を夫婦でじっくりと話し合って見極め、それでも場合によってはその変更も視野に入れることが肝要です。

私は、理念だけでは意味がない、わが子が不利益を被っても困ると考えつつも、あくまでも複数の進路の得失を考えた結果、消去法で通常学級に決めました。でも、早速給食が食べられない、課題が気に入らないと固まる等の課題が出てきており、現状に大満足はしていません。ゆえに、軽々に通常学級の選択はできないと、経験から申し上げます。

どの選択で生きることが幸せなのか、目の前のわが子はまだこんなに小さく幼いのに、親であるあなたが悩んだ末のこととはいえ、どこかを選択しなければなりません。しかも、選択したところにも少なからず不満と不安が残る……ジレンマ以外の何物でもありません。でも、この選択は不可避なのです。

3　就学を頭の片隅に置きながら

就学について、就園前後の子の親にとっては、まだ先のこと過ぎてピンとこないことと思います。では、なぜお伝えしているのか。それは、常に先のことを頭の片隅に置きながら目の前の療育課題に取り組む必要があるからです。幼稚園、学校、社会と進む先のことをイメージしないと、療育の実効性が下がります。

私たちが忘れがちなのは、健常児であっても親の期待通りにはまず育たないということ。ましてや、発達障害の子は、成長+療育で知識・能力が身につく一方で、そのことに起因して新たに課題が生じることもあります。それらの課題への対処のために、こまめに教え方や教える内容の修正が必要となります。

就学先の選択は、一大決断ポイントです。どのような育て方、療育をしてきても、立ち止まり、わが子の人生の方向性を見定める契機となります。ゆえに、〇〇が身につかなければ通常学級への就学希望も再検討、くらいの引き算的な考え方も必要になってきます。何とかなる、という見通しは、何があるからそう言えるのか。それが無ければ単なる願望です。根拠のない願望に従った判断は、厳に慎まなければなりません。

8章 就学にあたって意外に忘れがちなわが子のこと

1 特別な育ち方をしていることを忘れない

(1) あれができるから……は要注意

地道な療育の継続はもちろん必要なことで、それが奏功することも多いです。ただ私たちは、今の取り組み内容が本当に今やるべきことなのか、という批判的な視点も忘れないようにしなければなりません。

私たちの子どもの特性を表す表現として、一般に「発達障害」が一番多く使われています。これに対し、「発達凸凹」と表現される場合があります。健常児の平均的成長を円で描いたとしたら、発達障害の子の成長は、その円のある部分はそれより大きく、ある部分はそれより小さい、凸凹した状態になるということです。

親はわが子が「あること」ができるのであれば「これ」もできるだろうと、「健常児の円」を基準に判断しがちです。でも、この判断が全く当てはまらないのが、発達障害の特性なのです。元々の能力の一つひとつがつながっておらず、独立していることも珍しくないのです。

（2）健常の子ができることを……は、まして要注意

まして、健常の子ができるから、追いつくためにわが子もできるようにさせようというのは論外です。できるのであれば、特にやらせようとしなくても最初からできています。「這えば立て、立てば歩めの親心」という川柳の通りに発達障害の子に要求すると、間違いなく子が潰れます。適切な比較対象は、残念ながらありません。**個々の特性に着目して、発達の全体像を見ながら伸ばせられるところを伸ばす**。これに尽きます。

（3）その子なりの成長を忘れない

確かに、わが子ができないことは多くあります。でも、将来もずっとできないままとは限

りません。独特な成長により、あるタイミングで急にできるようになることもあります。ですから、一度できなかったから諦めてしまうのは早計で、ある程度時間を置いての再チャレンジも大切です。

よくある例としては、トイレトレーニングがあります。年少で入園した場合、全員オムツ卒業状態は少ないと思います。私の経験ですが、幼稚園の入園式の後で担任の先生からオムツを使っているかを問われた時に、二割弱程度の親がオズオズと手を上げました。それでも、健常の子は早々とオムツが取れていくようになります。それなのに、わが子だけいつまでもオムツが取れない……焦りますよね。でも、これはまだわが子が追いついていないだけ、いずれできるようになります。発達障害児もその子なりの成長をしていることを、忘れないようにしましょう。

（4）持ち味を見出す

発達障害の子の場合、耳から入ってくることばの内容理解は苦手な場合が多いです。その分、視覚による直観的な状況把握には優れていることが多く、分かりやすい絵や写真での説明は、その理解を大いに助けます。私たちも、多弁であれこれ説明されるよりも、見た方が分かりやすいのは、日常生活のさまざまなシーンで経験しています。例えば、海外でトイレを探す時には、文字よりもトイレマークを探すように。

日々の行動を見ながら「あれ、こういうことが好きなのか」、「この手の作業は上手にできるな」等と気付いたら、記録しておきましょう。後で振り返った時に、本人の持ち味を生かした生きやすさを考えるのに役立ちます。

性質をうまく生かして仕事につなげている例（テンプル＝グランディン氏は、独特の視点から家畜施設の設計を行っている）もあります。ただ、こういう話に触発され、わが子の中に、成功につながる特異な特性を持ち味として探そうと躍起になる方が出てくる恐れがあります。それが、子どもに要らぬ負荷とならないか、も考えなければなりません。

（5）残る特性と折り合いをつける

療育と成長により、特性がだいぶ目立たなくなることはあります。それでも、まず完全には消えません。何かの拍子にその性質が浮かび上がり、「ああ、やっぱりこの子は発達障害なのだ」と思うことは、この先も結構起こります。でも、それを気に病むのはやめましょう。

いろいろな療育を行い、社会適応力を高めていっても、なお発達障害の特性は残る。それを更に絞り上げて追い出すことに力を注ぐよりも、**障害特性といえども生活に支障が無い限りは、持って生まれたわが子の個性として尊重し折り合いをつける**ことは、今後の生きやすさに直結するとても大切なことではないでしょうか。

これについては、発達障害のある人だけのお話ではなく、健常者であっても個性はあって、それを細かく矯正等しない方がよいというだけの話です。世知辛くなる一方の世相で、お互いに寛容を旨《よし》とすることの大切さを、社会が共有するようになることを願います。

2　本人への障害の告知

5章において、周囲のさまざまな方への告知について考えました。最終的には、当事者であるわが子に対しても告知が必要になります。

私は、まだ次女に対して障害を告知していません。いずれするべき時が来るとは思っていますが、少なくとも小学生のうちは、まだ早いだろうと考えています。もちろん、全てのお子さんについて、小学生での告知を否定するものではありません。ただ、あくまでもわが家の場合、次女の普段の様子や言動を見聞きしている限り、単純に次女が障害を理解できる段階に達していないと感じていることから、告知していないだけに過ぎません。

実際に告知をする際には、5W1H、即ち、いつ、どこで、誰が（誰と）、何を、なぜ、どのように、を考える必要があります。

「いつ」は、今書いた通りです。「どこで」は、家か病院になることが多いと思います。「誰が」は、結構大きな問題です。「どこで」とも関連しますが、親であるあなたか、かかりつけの児童精神科医のどちらかだと思います。「何を」は、言うまでもありません。障害の告知です。「なぜ」は、告知をする必要が生じた、或いは告知をするに機が熟したからに帰結するでしょう。「どのように」は、伝え方の問題で、過去の告知事例を勘案して最適だと思われるやり方で伝えることになろうかと思います。

以上をトータルで考えると、私は、わが子がクラスメイト等他の子と自分の違いに気付きはじめ、疑問を持つようになった時に、病院で児童精神科医からお話ししてもらうのが最も適切だろう、と現時点では考えています。

理由は、やはり経験豊富で多くの事例をご存知だと思われるからです。また、告知された側（わが子）からの質問に対しても、適切に答えられると考えられます。このような対応を導くためには、普段から児童精神科医と定期的なコンタクトを取ることが必要になります。長く成長過程に関わって診てもらうことで、説得性も高まります。

わが家の場合、児童精神科には年に数回程度定期的に受診しています。もっと困りごとが多ければ頻度を増やすのでしょうけれど、現状は落ち着いていることから、行って様子を報告し適宜アドバイスをもらうだけなので、この程度となっています。

場所によっては、なかなか児童精神科医がいない、見つけられてもすごく遠い、診察日が限定されていて待たされる、等のこともあるでしょう。それでも、細く長くつながりを持つことが、後々に役立ちます。

4部

転んでも、タダでは起きない。

発達障害には、遺伝的要因もあると言われます。遺伝は、俗っぽく言えば両親から受け継いだもの。わが子の療育体制を組み、就学までの道のりを見据えたところで、一度夫婦相互に自分たちに発達障害の芽が無かったかを冷静に振り返ってみて下さい。

更に、会社業務と発達障害の折り合いの付け方についても、この部で考えます。

9章

発達障害の視点で、自分の人生を改めて見直す

1　自分にもある特性への気付き

「自分は、全く健常だ」と言いきれる。当然それもあり得ます。しかし、発達障害児を授かった私たちは、失礼ながら非常に高い確率で「言われてみれば、発達障害の特性の中で、自分にもあてはまる」と感じられるものがあると思います。或いは、ご自身では気付かなくても相方からは、「いや、やっぱり受け継いでいる」と感じられることも。更に、過去には発達障害の特性に関わるエピソードや事件があったのではないでしょうか。

あなたが、わが子の障害告知後に情報収集された書籍やサイトには、発達障害のさまざまな特性が書かれていて、最初は「わが子の行動が特性にあてはまっている」と感じながら読んでいたはずです。けれども、しばらく経つと「これは自分にもあてはまる」、「妻の癖にそ

っくり」という気付きにつながったり、自分の欠点を当てこすられたかのような不快感を覚えたりということもあったと思います。そして、更に「妻の父親って、結婚後何度も会って話しているのに、今でも会話がぎこちない……」、奥様も「主人の母親って、気が利かない人だなあと思っていたのだけど……」といったことにも思い当たるかも知れません。

私の「個体例」をさらすと、「複数の人との会話にはかなり神経をすり減らすため、疲れる」、「人との間合いを考え過ぎて、かえって不適切な接し方をしてしまう」、「顔を認識する（相貌《そうぼう》認知）能力が低い」といった特性があります。

「複数の人」と言っても、よく知っている人ばかりなら全く問題ありません。しかし、例えば私がAさんと会話中に、私はそれほど知らないけどAさんの知り合いのBさんが通りかかり会話に入ってきた場合、Bさんとの接し方や、適切な話題等を必要以上に考えてしまうのです。また、その後たまたまBさんとだけバッタリ出会った場合に、どう振る舞えばよいかも、イマイチ分かっていません。普通に挨拶だけで済ませようとすると、Bさん側もいろいろで、怪訝な顔をする人もいれば、妙に話を発展させようとする人もいます。周囲に相談したとしても、「そんなの適当に合わせておけばよいでしょ」と言われて終わりでしょうけれど、私にとってこの場面での適切な振る舞いは、難易度が高いです。

相貌認知も、ある程度深く関わった人ならともかく、昔ちょっと関わった程度の方だと「この人、見たことあるなあ」という程度にまで記憶があいまいになってしまうので、その方のしっかりした記憶による「お久しぶり！」に私が驚き、ぎこちない態度になることがあります……この場を借りて、お詫びします。

相貌認知は、発達障害のコア部分ではないものの、よくあるとされる特性の一つです。あるお子さんは、幼稚園の先生を顔ではなくいつも着ている服装（エプロン）で覚えていたらしく、たまたま外で私服の先生と会った時に先生だと気付かず知らん顔、先生が悲しそうな表情を浮かべていたたまれなかった、という話を伺い、私もありそうなことだと感じました。

2 妻に惹かれたわけ

あなたが、奥様と一緒に生きていこうと決めた理由は何でしょうか。普通なら、相手の人柄に惹かれるところがあったはずです。では、あなたが惹かれたところはどこでしょうか。

人は、自分と似た部分を持つ人に惹かれます。また、自分に無いものを持つ人にも惹かれます。その「混ざり具合」が、ちょうどよかったのではないかと思います。いくつかの発達障害の特性についても、夫婦相互に何となく親和性を感じる「似た部分」があるはず、というのが私の憶測です。

トレンディドラマが一世を風靡する前までは、親が決めた相手との結婚や、見合いで数回会っただけでの結婚も、まだまだ珍しくはありませんでした。その頃は、相性も主に家柄やつり合いで判断され、人柄や個性は今ほどは重視されませんでした。だからこそ、夫婦間でいろいろな軋轢も生まれたのだと思います。しかし、今はそういう結婚はかなり少なくなっています。ここで、似た部分を持つ人は、それを形成する遺伝的な要素も近いかも知れず、子にも似た部分が遺伝しやすいと考えると、わが子の発達障害も、もしかしたら自由恋愛という時代の流れによるものもあるかも知れない……これは、科学的な根拠等全くない完全に私の憶測ですので、話半分程度に受け止めて下さい。

このようなことを申し上げたのは、一方的に誰かが悪い、誰かに原因があるという考え方には何の益も無いこと、夫婦双方が合意のうえで結婚したこと、子どもはその流れに乗って生まれてきたこと、これらの諸事情の相互理解により家族としての絆をより深められると考えていること、によります。過去への悔悟や執着から離れ、気持ちが前向きになれば、展望もより大きく開けてくるはずです。

3 特性から見えてくるもの

世代の違い、個性の問題と流してきたことが、発達障害というフィルターを通して見ると、何か関連性があると感じられる……つまり、私たち発達障害児の親は、受容過程を経て一気に世の中を見る目が肥えたと考えることができます。ある意味、もう一つの社会の見方を手に入れたのです。

一般的には世の中に完全無欠な人間などおらず、皆が多少の欠点を持っている、それはお互い様で特に気に留めるべきではない、とされます。でも、これまで自分が感じていた家族への違和感の背景に発達障害という原因があるのかも、と気付いた瞬間には、ぼんやりした視界が鮮明になったような感動を覚えたのではないでしょうか。

発達障害もさまざまだと理解できると更にその見方は広がり、より深く人間を見ることができます。両親・自分たち夫婦・わが子の三世代に共通する発達障害関連の特性があったとすると、それは一般的な理解の仕方として、単なる遺伝と捉えることも可能です。しかし、例えばわが子の自閉症的な特性の面では自分と共通性がなくても、自分にはそれに隣接するＡＤＨＤの特性ならある、具体的には「小さい頃から落ち着きが無い」と言われていた、ということもあり得ます。一般的な視点では、この二つの関連性にたどり着くことは困難です。でも私たちは、同じ特性の遺伝ではなくても、発達障害が違った形の特性として現れた可能性を想起できます。加えて、字を書けない、計算が苦手といった特性も、発達障害という大くくりな視点で関連性を見出せる私たちは、一般の人よりも多面的に人を見られる、ある種の能力を獲得したと考えられるのではないでしょうか。

この能力の獲得により、他人の欠点を単純に責める気持ちが減少する・無くなるという心境の変化が生じます。欠点も個人が持って生まれたもので、持って生まれたことに本人の責任はないことを理解できるからです。人を責めず受け入れられる、理屈ではなく心からの寛容さが身につくことは、人としての大きな長所となります。これは、発達障害の子を持つ親の美点であり、発達障害児育児のメリットと言えます。

自分の中にある発達障害の芽。それがたまたま大きく育たなかっただけだという事実を知った時、その幸運への感謝と、改めてわが子に対する愛情が湧いてくると確信します。「この子は確かに私の子だ」と。

4　自分の克服法をわが子へ

発達障害の特性を自分も持っていることに気付いた。具体的には、自分もこれまでの人生で生き辛さを感じていて、わが子の告知を契機に発達障害について学ぶ過程で、自分もそうかも……と目から鱗が落ちる思いをした。もしかしたらあなたも、その一人かも知れません。もしそうなら、生き辛さの原因が分かった納得感は、かなり大きかったと思います。

自分が生き辛さを感じた時に、「ただ我慢するしかなかった」方もおられる一方、よく分からないなりにその時その場で克服に向けた努力をした方もおられると思うのです。この努力の過程は、自分がより良く生きられることを目指した自らの取り組み、即ちセルフサービス療育であったと理解できます。このような経験があれば、わが子が困ったことに出会った時の受け止めや感情も、普通の親より理解できます。そして、それらへの対処も、その道の先輩として具体的かつ分かりやすい方法でわが子に教えられるはずです。

「自分の苦労は、このような形で役に立つのか」と気付いた時、辛かった苦労が無駄では無かったと思い至り、多少なりとも気持ちが晴れてくるのではないでしょうか。

5　物差しが変わると幸せな気持ちに

標準的な子どもの発達がどのようなものか、を知らない方も多いでしょう。私たち夫婦も長女がいるとはいえ、臨床心理士の方からの指摘によって、同年配の健常の子は次女ができないことを既にできていると初めて知りました。

療育施設で、次女がある課題をできるようになるまでには、健常の子よりも数倍の時間がかかる場合があることも何となく感じ取れるようになりました。それでも、わが子が一つの課題をクリアできた時には、とても嬉しいと感じてきました。

障害のある子も、成長はします。その小さな歩みを見ているうちに、わが子の成長の伸び具合に対する親の判断基準、持っている物差しも変わってきます。更に、人の成長を感じるセンサーの感度も高くなります。私は、わが子の「伸び」の程度が、普通の感覚からすれば「たいしたこと無い」程度であったとしても、そのことで喜びを感じられるようになりました。

当然、わが子に合わせた物差しは、個別カスタマイズされたものであるため、社会標準ではありません。ですから、一般的な社会標準の物差しは別に持つことになります。つまり、私たちは、社会標準の物差しとわが子のための独自の物差しの二つを適宜使い分けることになります。独自の物差しの使用は、わが子なりの成長を素直に喜べることにもつながり、親として幸せな気持ちで過ごすことができます。

「やっとか……」、「これくらいできて当たり前だろ」と否定的に捉えると、自分も楽しくありません。まして、そのような目線で見られたり、ことばで言われたりするわが子としても、自己肯定感を持ちにくくなります。これでは、親の喜びと子の達成感のいずれも低くなり、そのネガティブさは結局自分とわが子に返ってきます。

独自の物差しであっても、そのスケールでなら子の成長を感じられて喜べるのであれば、その気持ちをわが子にも素直に伝えましょう。きっと、わが子も褒められれば嬉しいはず。

なお、このような対応により、子どもが調子に乗ることを心配される人もいるかも知れません。でも、できたことを褒める行為自体は悪くないはずです。調子に乗り過ぎたらその時に態度を改めさせればよく、最初から褒めないことを選ぶのはもったいないと思います。そもそも、褒めるのは無料です。無料のものを出し惜しむ必要はありません。

6　わが子と過ごす時間の大切さ

わが子に障害が無かったら。仮定として考えると、恐らく子育てに必要な労力も、今よりは格段に少ないでしょう。では、そうだとしてあなたは、労力の余りを何に振り向けているのでしょうか。

ちなみに私の場合、元々出世欲や物欲がそれほど強くない方で、人の上に立って差配するよりは、人に必要とされ人の役に立てることに喜びを感じる性質から考えると、今よりも会社業務に労力を振り向けるようになっていたとしても、それはあくまでも一部で、やはり家庭生活に、しかもそのうちの多くを子どものために使っているだろうと考えます。職場において私の代わりは他にいくらでもいるけれど、私の家庭で私の代わりはいないのですから。

家庭を守ることは、家族の生命身体の安全と、生活の糧の確保のみならず、更に家族間のさまざまな問題解決や、子どもの成長に合わせたバックアップまでを包含すると理解しています。このバックアップがわが子の能力を伸ばし、より生きやすいようにする手助けだと仮定するならば、それは現実の自分とスタート地点が異なるだけで、方向性（ベクトル）は同じであることに気付きます。この気付きにより、仮定から「本当に障害が無かったら」という妄想へ移行しがちな精神的不衛生状態を断ち切れるように思います。

加えて、確かに今の世相は、合理化、省力化、リストラでマンパワーが限られている中で新規事業や海外展開に手を広げることも多く、業務負荷が過重になり、その分育児に回す労力が乏しくなりがちな実態はあると思います。しかし、晩婚の私に対して早婚の会社の同期は、「わが子と一緒に過ごす時間は、振り返ればそれほど長いものではない。一緒に過ごす時間は貴重なもの。わが子が大学に入り一人暮らしをはじめて手が空いた時に、改めてそう思った」とのことです。

それまで私は、わが子と過ごす時間はまだ多く残っていると思っていましたが、身近でほとんど育児が終わった人からこのようなことを言われると、やはりこの時間を充実させなくてどうする、との思いが強くなります。

私はこれまでの歩みの中で、子どもの育児にかなり関わってきた自負はあります。これは、障害児の父親だからこそ余計にそうなるという側面があるのも事実です。この立場に立ってみて、私たち障害児親の先輩も、かなり昔から人知れずイクメンであったことに気付きました。障害児育児の労力は多大な一方、かつては社会制度も基盤も整っておらず、誰からも必要な労力提供がない環境であったために、父親が前に出ざるを得なかったという消極的な理由もあったとは思います。やむを得なかったとはいえ、具体的に行動に移したことは、素直に尊いと思います。

父親の育児への関心が高まってきた昨今ですが、そのはるか前から頑張っていた先人たちの労苦に、深く敬意を表すものです。

10章

会社業務の中で発達障害の活かし方を探る

1　コミュニケーション能力のハンデ

　これは企業差もあるとは思いますが、私が入社した頃は、いろいろな人と仕事や「仕事に関連する部分」について、業務外の貸し借りも含めて総合的に駆け引きを行いつつ、あうんの呼吸で調整（腹芸）のできる人が社内で重きを置かれる傾向がありました。いわゆる総務系の人となります。しかし、その後不況が長く続く中で、会社収益の改善のために導入されたさまざまな横文字の経営指標が重視されるに従い、管理会計、経営理論等を駆使して説明できる人間、いわゆる企画系の人が重要なポジションに就くようになってきました。

　客観的に把握できる数値を基準とした経営は、もちろん大切です。経営を、情や勢いや思いつきでやられたらたまりません。会議における説明性・納得性は、多弁や浪花節よりも数値の方に分があります。ただ、企画系の人の中には、知力は高いものの周囲との調整が苦手で、話の受け手の感情に対する想像力に欠ける人も残念ながらいます。そういう人からは、「言っていることが正しければ、皆直ちに納得して言うことを聞くはず、それが当然だろう」という思い込みを感じます。でも、世の中において「それは、理屈ではそうなのかも知れないけれど……」と思うことは多いです。正しさに言い方の工夫が加わることで、聞き手の理解が促進される。これは、理屈とは別の大事なことだと認識されてもよいことでしょう。

会社は、学校の延長ではありません。私の印象では、仕事半分・人間関係半分というのが実感です。学校では、人に嫌われようが、周囲と関わりを持たなかろうが、成績にはあまり関係ありません。せいぜい試験前に欠席時の講義ノートが手に入らない、或いは休講の情報や試験の過去問が回ってこないという不都合が生じる程度です。けれども、会社はそうではないのです。この環境変化はかなり大きいはずなのに、意識されることは少ないようです。

更に、サラリーマンは、会社組織が大きくなるほど自分に割り当てられる業務範囲は相対的に狭くなります。課内で完結する仕事ならばあまり問題となりませんが、ちょっと大きなプロジェクトを実施するとなれば、他の部・課の人、時には地方の支店や工場の人との協業によって業務を遂行する必要が生じてきます。従って、社内で自分の担当業務を遂行するためには、個人の能力伸長だけでは足りず、社会人としての常識や立ち居振る舞いを身につけ、更に人を説得し動かして自分の仕事に巻き込んでいく努力と能力が求められます。

以上のことを考えると、コミュニケーション能力が低い人間は、それだけでとても大きなハンデを背負っていることが分かります。せっかく頭脳明晰で大企業に入社できたとしても、自分の頭脳だけで仕事を進めることはできません。人もうらやむような有名企業でも、必ず中途退職者が出ます。その陰には、コミュニケーションの壁を前に立ちすくみ、人をうまく巻き込めなかった人もいるのでは、と思うのです。

2　要求される高いコミュニケーション能力

今は、成果主義に基づく年俸制を取り入れている会社も増えました。人口減少社会に突入し、国内での成長余力が乏しくなったことから、企業も組織拡大によるポスト作りも難しくなり、頑張った個人に対し昇進という目に見える直接的メリットで報いる対応が難しくなってきた影響もあるのでしょう。実は、年俸制になっても、会社の支払う賃金の総額は減少している可能性もあります。往時に比べれば分け与えられるパイも小さくなり、年俸制は配分方法が変わっただけで、むしろ成績下位者の賃金を合理的に下げられる手段となっている例も無いとは言えないでしょう。しかし、報酬や昇進といった目に見えるものだけが、人のヤル気を引き出す方法かというと、そうでもないと思います。

例えば、持てる能力を伸ばし存分に発揮できる環境、即ち「優秀で将来を嘱望《しょくぼう》される上司と一緒に仕事をする機会」の提供も、ヤル気を引き出す方法の一つだと考えられます。その上司からの評価が高ければ、別のプロジェクトでもその方から声がかかりやすくなる一方、成果を出せなければそれまで、というドライな一面はあるものの、会社の重要なプロジェクトに携わることができ、優秀な人の指示や提案に沿った仕事に取り組むことで洗練された仕事の進め方の体得や、その完遂により自らの実績作りもできます。人間の向上意欲と社会性をうまく利用した今風の処遇の一形態なのだろうと思います。

このやり方だと、会社側としても、直接目に見える形での処遇よりも露骨さが軽減され、かつ本人の努力によって年俸等にも効果が表れるという点で、本人も会社もＷｉｎ－Ｗｉｎの関係となります。

ハレの部署で、人を巻き込んで仕事をできる人は、益々周囲が一目置くようになります。エリートは、この最初に与えられた機会を逃さずキチンと取り組み実績を上げた人が選抜されて残った結果と考えた方が、分かりやすいでしょう……実は、ここまでは前振りです。

「人に頼らない、自力で頑張るのだ」という人は、大抵この「明示されないしくみ」への理解が足りません。今の会社の風潮を踏まえると、発達障害者の会社での業務遂行は、彼らのもっとも不得手な「人との関わり」を恒常的に強いられながら、能力発揮を求められることとなりがちです。もちろん、それほどコミュニケーションが求められない業務もあるとは思いますが、彼らが「良い意味で組織の中に埋没して過ごす」ことが困難なのは否めません。

また、長い不況の間に企業が余裕を失い、いわゆるアソビの部分はトコトン削ぎ落とされています。昔は、ある程度秀でた専門的な知識があれば、他に多少の難があってもその分野で能力を発揮できました。でも、今では一つのことしかできないのは許されにくくなっていて、一人が何役もこなすことが当たり前に期待されます。更に、社内でうまくプレゼンをして自分のやりたいこと、自分のできることをアピールする技量まで求められるのです。そうなると、シングルフォーカスに傾きがちな（逆に言えば、マルチタスクが不得手な）特性を持つ発達障害者は、この面で健常者に比べてうまく適応できない可能性がかなり高いと考えます。

私たちが新入社員だった頃には、率直に言えば「あの人って何の仕事をしているの？」と不思議に思うような人が、大抵どの部署にも紛れこんでいたと思います。でも、今の職場を見渡すと、そういう人たちの居場所は無いと感じさせられます。あの頃は、会社にも彼らに対して、居場所をあてがえる余裕がありました。その余裕部分には、今から思えば発達障害だったのかも、と思う人も紛れていました（真相は不明。ですが、人と目を合わそうとしない、身なりに気を遣わない、いきなりやってきて自分の用件だけを一方的に話す、等々の言動から、今にして思えばそうだったのかな、と感じる人が複数いました）。

そういう人たちが、今のコミュニケーション能力重視の風潮の中で就職活動をしたとしても、内定の獲得はかなり難しいと推測します。事務系は無論、技術系であっても昔は絶大な効力を有した研究室の指導教授からの推薦も、不況で採用を手控えた時期が長らく続いた後では、その効力が小さくなっていますし。加えて、彼らが就活を突破し就職できたとしても、研修中はともかく配属後に実際の業務に就いて、立ち往生する事態もあり得るでしょう。

それでもまだ、平社員の内は何とかやっていける可能性はあります。でも、日本においては、管理職は平社員が実績を上げて一定の年数を経れば、大抵なれるものだという誤解がまだ大手を振っています。管理職は、個々の部下の持つ個性や持ち味を生かして職場の能力の最大化を図ることが求められます。このことは、組織の担う業務に関わる専門知識の獲得を前提としつつも、専門知識を突き詰めるだけではダメだということにもつながります。専門知識と管理職としての能力は全く別。健常の範疇に属する人にとっても、人の管理は難しいものです。発達障害者の管理職昇進は、特性に鑑《かんが》みて極めて厳しいものとなります。

ここまで書いたことを簡単にまとめると、発達障害者は就職活動を無事乗り越えることが難しい、次に、就職できても仕事がうまく回せずに行き詰まる可能性がある、更に平社員のうちは何とかなっても、管理職になるとかなり厳しいということで、就職から日々の業務のさまざまな場面で高いハードルが連続的に目の前に現れることが分かります。将来のさまざまなポイントでうまく行かなくなる可能性があることを考えると、わが子の就労に対し暗澹《あんたん》たる気持ちになってしまいますね。

でも、嘆いてばかりいても仕方がありません。このような状況へのアプローチ方法は、二つあると思います。一つは、いわゆる普通の会社への就職は断念し、数は少なくともまだ残っている専門的知識・技能だけで何とかなる職業を目指すという方向、もう一つは、これからお話する障害者就労を目指すという方向です。後は、起業という選択肢も一瞬頭に浮かびましたが、やはり上手な人使いがネックになるため、これは難しいと考えています。

3 発達障害者に厳しい社会人としての常識

私の記憶では、新入社員研修で「ホウ・レン・ソウ（報告・連絡・相談）を大切にしよう」、「電話には率先して出よう」、「始業の五分前には出社しよう」、「仕事が終わって帰る際には周囲に一声（例、「何かお手伝いできることはありませんか」）かけるようにしよう」、といった内容のお話を講師の方から頂きました。日本企業で、社会人の基本姿勢として、これらのことを全否定する職場は多分無いでしょう。「上司に黙って仕事を進めてよい」、「自分宛の電話以外は出なくてよい」、「始業時間ぎりぎりに駆け込むのが美徳」、「自分の業務が終われば黙って帰ってよい」という職場は、まず無いでしょうから。

特段問題無さそうなこれらの職場マナーも、発達障害者の苦手事項であり、その実践は困難となりがちです。それはなぜでしょうか。

まず、「ホウ・レン・ソウの実行」について。彼らは「人と話すこと」、「自分の思いや考えを適切かつ的確にことばに置き換えること」、「要点を絞ってまとめること」、「時系列に沿って話をすること」、「ことばで話された内容を正確に受け止めること」、「間合いをはかって話しかけること」のいずれも苦手という特性があります。ですから、「今、自分が陥っている事態」、「そのことに対する（困っている）感情」、「その解決方法を知りたいので知恵を貸してもらいたいと思っていること」等を、サラッと相手に伝えられません。一般的には社会人の基本とされる「ホウ・レン・ソウ」も、とてもハードルが高いのです。

「電話に出ること」についても同様です。まず、「人と話すこと」が苦手なら、電話での会話も当然苦手です。しかも、電話だとことば以外の情報が無い、即ち視覚によって相手の表情を見ることができません。健常者であっても普通の会話に比べ、難易度が上がります。加えて、電話に出る行為は、単にお話だけに止まりません。ビジネスの現場では、電話で話しながらその要点を手元の紙にメモする同時作業が必要となります。うまく話さなければ、キチンと聞かなければ、と会話にのみ集中して内容が頭に残らず、結局話した中身が後で分からなくなるのでは困りますから、メモを取って後で確認できるようにする、時には会話の最後に相手の話した内容についてメモを基に復唱し、双方での内容確認も必要になります。

この時は、頭と耳と口と手を同時に動かす作業となります。健常者でもちょっと面倒なこの同時作業は、マルチタスクが苦手な特性を持つ発達障害者には負荷が高く、処理能力を超えることもあるのです。

「始業五分前の出社」は、これまでとは異なる系統の問題です。このルールは、仕事に向かう姿勢を示し職場にうまく溶け込むための「新入りの務め」、端的には「方便」です。実際、職場に一人くらいは遅刻の常習者はいますし。

ここで、「あいまいさが苦手で厳格な決まりを好む」特性から、「勤務時間は就業規則で規定。それなのに、なぜ始業時間より早い出社が必要なのか」というド直球な問いがなされたら、私たちは答えるのに窮してしまいます。このような「やった方がよい（と言いつつ事実上強制される、やらないと白眼視される）」ことへの納得は、かなり難しいのです。

「帰宅時のお手伝いの申し出」についても同様です。業務分担を決めているのに、自分の業務範囲を超えてお手伝いを申し出なければならない理由や意味の理解は、やはり困難です。実は、もしこれらを理解させることに成功し、彼らが手伝いを申し出た場合、今度は「新奇なものへの理解能力、対応能力の低さ」という特性が災いとなります。新しい作業の飲み込みに多大な時間を要し、さらにその習得のための説明に要する労力や時間を勘案すれば、頼まない方がよかったと思われることも十分にあり得ます。残念なことですが、その事実が積み重なると、黙って帰るよりも更に評価が下がるという理不尽なことも起こり得ます。

「決まったことだけやっていればよいと思っているのか」という日本的な問いに対し、真顔で「はい」と答えるのがこの特性を持つ者にありがちな行動・思考パターンです。トラブルで職場が殺気立っていても、我関せずと帰ってしまう人もいます。親である私たちは、まずそういう特性を理解、認識しなければならないのです。

もっとも、これは日本だからこその問題でもあります。実は、世界的に見ると、このような軋轢が生じる社会文化は、むしろ少数派となります。海外の取引先の人と話をしている際に、「それは私の担当ではありません」と真顔で言われることは珍しくありません。だから、担当者が休むとその仕事が進まないこともよくあります。これは、契約に基づき行動することが、社会にも個人にも十分に認識されている国の方が多く、かつ契約において勤務時間、担当業務、責任範囲等給与の対象が明確化されていることによります。

「お・も・て・な・し」に慣れた私たちからすれば、このような対応はフラストレーションの元ですし、お客様にこのような対応をしたら、怒りを買うのは必至。でも、これは悪いことばかりではありません。海外の多くの国では、逆にその責任範囲内であれば、自分でどんどん決めて話を先に進めようとします。即断即決も多々あります。彼らからすると、日本のホウ・レン・ソウはかなり不思議な習慣のようです。だから、発達障害者が就労するに当たり、海外に活路を求めるのも一方策としてあり得ます。もちろん、外国語の習得が前提となりますけれど。

4 就労とその継続のために

5章でも触れましたが、今は、障害者として一般就労とは別枠での就労を目指すこともできます。障害者雇用促進法によって障害者雇用が企業に義務づけられ、またその率も当初よりも引き上げられる等、障害者の就労には追い風が吹いています。これを利用して就職し、社会での自立を目標に頑張るのは、有望な選択肢となり得ます。

ただ、もちろん皆さんがお察しの通り、企業にもよるものの給与は概して一般就労よりも低くなる、或いは上がるペースが遅くなることが多いようです。とはいえ、一般就労を目指すのは先に述べたように状況が厳しく、イバラの道となりがちです。

自分たちが実は発達障害者であると気付かずに学校を卒業した人たちは、違和感や周囲との軋轢に悩みながら何とか社会に巣立ちました。しかしながら、そこで不適応を起こして離職・複数回の転職・うつ・引きこもり等の事態に苦しむ人もいます。こういう人たちの存在は、最近さまざまなメディアで取り上げられることも増えました。いわゆる「大人の発達障害」です。この表現は、大人になって初めて発達障害になったかのような誤解を生みますが、そうではありません。大人になって初めて自分が持って生まれた発達障害に気付いた、診断されたということです。更に「大人の発達障害」という時に、前向きな捉え方がなされる例を見たことはなく、困った事例の中で語られることばかりです。

発達障害児の親としては、障害者就労と一般就労の間に、もう一つ中間的な就労形態を作れないか、そこそこの成果に基づくそこそこの給与や処遇を行える制度があれば、との思いを抱かざるを得ません。異動が無い一般職、全国異動を前提とする総合職の間に、異動範囲を限定する限定総合職制度を設ける会社があるように。

ただ、企業側もいつまでも現状を放置しないだろうとも予想します。人と人との関わりを円滑にできる人間だけを採用できる保証はなく、また既に社内にいるコミュニケーション能力が低い人の放置ももったいないことであり、採用抑制による繁忙感が高まっている以上、彼らの戦力化は重要課題となるはずです。この取り組みは端緒《たんしょ》についたばかりで、そのアプローチにはまだまだ改良の余地が多分にあります。個人的には、企業コンサルタント等で、この方面での専門家の出現にも期待しています。見果てぬ夢、無いものねだりなのかも知れませんが……。

「立っているものなら親でも使え」ということばがあります。道徳を踏まえつつそれを踏み越える必要性を語ることばだと考えると、これと同様「働けるものなら障害者でも使うべき」だと思います。

人権意識の高まった現代社会で、障害者も健常者も共に生きていくべきことは論を待ちませんし、社会を支える担い手は、少ないよりも多いに越したことはありません。かつての障害者排除、厄介者扱いは明確に誤りで、彼らを社会のどこかで役立てるように意識することが、活躍の場の発見・創出につながると考えています。

以前、ＮＨＫの番組の中で、発達障害者の「周りの空気を読まない」特性を利用して、監査の仕事を担当させているという事例が紹介されていました。監査って、学校ならば風紀委員と同様に周囲から疎まれる業務ではあります。けれども、周囲への迎合が不正やコンプライアンス問題に発展する恐れがあることを考えると、この業務では空気を読まない特性こそが求められ、それが実際に社会で役立つことが分かります。

このような視点での世の中の仕事の再評価は、障害者の活躍の場、能力の発揮機会の創出につながります。一般的な見方・常識を疑って、普通なら弱みの部分を強みに置き換える作業には、新たな価値を生み出すやりがいがあると感じませんか。

5　私たちの宿題

最後に、宿題を出したいと思います。

もし、あなたの職場に前項までで記載した「風変わり」な人がいたら、これまでのあなたはどのように感じ、対処していたでしょうか。恐らく、驚き、呆れ、ダメ出しをしてそれで終わっていたことでしょう。でも、わが子の生まれ持った特性と同じ部分があることを知った後で、なお見方や態度は同じでいられるでしょうか。

私たちにとって彼らとの関わりは、まさに将来のわが子との関わりとして受け止めるべきもの。ダメ出しして関わらないようにすればそれで済むものではなくなりました。そのことに気付いた私たちが最初にやるべきは、既存の常識にとらわれずに、自らの社会の見方を一から組み立て直すことです。その理由は簡単です。現状の価値基準への固執は、今後の展望につながらないからです。これまでは、ダメ出しされた挙句「使えない」と見切られて終わってきた彼らを、「使える」ようにする方向で知恵を絞らなければなりません。

かなり昔、商品開発等では①「シーズ」からの開発、②「ニーズ」からの開発、の二つのアプローチがある、と聞いたことがあります。①は、保有技術等を生かし新しい価値を持つ製品を作り出して新規市場を創出するもの、②は、人の製品や機能への必要性を明確化し、それに対応した製品を作るようにするもの、です。

彼らの活用では、これらのアプローチを駆使した追求が必要になります。即ち、ビジネスマンである私たちは、そのままではマーケット（労働市場、端的には私たちの職場）でニーズが低く売れにくい商材（彼らのマンパワー）を売れるように仕立てて行かなければならないのです。新規業務の創出はすぐには無理でも、既存業務を再評価し、シーズの特性が適性になる業務を見出す（前述の監査業務は好例）、或いは一つの業務の全体を担当させるのではなく、他の担当者の各業務の中からシーズの特性に適合する部分を抽出して担当させることで、チーム全体の効率アップと内部牽制が働くような仕組みを作る、等の取り組みが必要だということです。

この視点に立つと、実はリアルの職場に一人、二人はいて残念ながら職場でかなり浮きがちな発達障害者（と行動様式が近い方）を、無下に排除せず、むしろ彼らの存在を奇貨として、このチャレンジングな取り組みを実践する意欲が高まることでしょう。

彼らは、今まで社会の中で揉まれ、疎まれ、弾かれてきました。多くの人が関わりを避け、視界から消えてくれればそれでよく、少なくともその能力の有効活用を真剣に考えられることはありませんでした。時間も手間もお金も、ロクにかけられずに放置されてきたことになります。しかしながら、ここで何とかしなければならない立場に置かれた私たちは、それぞれの職場において、彼らの力を伸ばす、彼らの意欲を高める、彼らの居場所を作る、彼らの自己肯定感を引き上げる、といった取り組みを試行していかなければならない、と考えます。

なぜなら、端的には、わが子が職場に来たらどうするかの問題であり、この取り組みにより、家にいるわが子への対処にも就労という視点からのインスピレーションが湧いてくるようになります。ここで試行錯誤を積み重ねることで、職場でも家庭でも少しずつ、発達障害者・児へのより良い対応の案出、体得がなされることを期待しています。

少子化が進み、労働力の総量は確実に減少する中で、もしかしたら新たな労働資源になるかも知れない発達障害者・児たち。彼らを市場に出せるようにカスタマイズしてその価値を引き上げる取り組みは、社会的にもとても有益です。そして、あなたが職場で行うその取り組みにより少しでも成果が出れば、あなたは普通の社員とは違う形で会社に貢献したことになります。加えて、その当事者も会社に貢献できる喜びを感じられるようになります。もちろん、会社の生産性も向上します。あなた、当事者、会社の全てがＷｉｎ－Ｗｉｎの関係を構築できるのです。あなた自身の評価も上がり、わが子の未来の可能性を広げることにもつながります。

やってみる価値が高い取り組みであることは、お分かり頂けると思います。何しろ、発達障害者・児の能力活用に向けた、社会からの実践的なアプローチの最初の橋頭堡《きょうとうほ》を私たちが築くことになるかも知れないのです。私たちが各々の職場での業務遂行のために必要な能力は何か、その前段として阻害要因は何かを認識し、その能力獲得・阻害要因排除のためにやるべき課題をリストアップする。それらが大学で、高校で、中学で……とそれぞれの段階でどうあるべきかを考えて、今の目の前にいるわが子との療育に生かしていく。大きな連環ができ上がろうとしています。

話が飛躍し過ぎでしょうか。でもやらない理由探しより、まずやってみませんか。

私が、なぜこのような提案をしているのか。それは、以下の事実認識があるからです。

● 発達障害の世界ではかなり知られた私立の某学校では、手に職をつけて障害者枠での就労を目指すことが基本。

●受給者証制度を利用したしくみを用いた就労移行支援事業を行っている施設では、障害者枠での就労の方が多い。
●大人の発達障害に関わり、大人になるまで気付かない・何とかやれてきた障害の軽い者であっても、一般就労ではやっていけず、休職・退職・鬱発症となる者がいて、社会問題化する程度には数が多い。

これらの複数の事実を冷静に受け止めると、現状では就労という出口で一般就労はかなり厳しく、結局は障害者就労を選ぶ可能性がかなり高いことは否めません。就学先の選択時に通常学級にこだわり学校や教育委員会とバトルしたとしても、最後は障害者就労になる場合が多いという事実の前では、そのバトルにどの程度価値があるのか疑問です。

一方で、わが子が障害者就労にありがちな単純労働に満足できればよいのですが、特に知的能力が高い者にとっては、自己実現の手段として満足できるものとはならないでしょう。

これを「しょうがない」と割り切るのも一つの手段ではあります。しかし、前述のように働く場の側からの「わが事」としてのアプローチは、ほとんど手つかずとなっていることから、その可能性を広げるためには、現状では大きな利害関係者である私たちが各々の職場で改善方法を考えていくしかないだろうと考えます。

そして、もしこの取り組みにより何かの成果が出たならば、それを何らかの方法で世間に伝え、広めて欲しいのです。私は、その集積こそが、私たちの子どもの新たな就労形態・就業可能業務を生み出す原動力になると確信しています。

「こんな宿題を出されても……」と今はお感じになるでしょう。でも私は、こういう取り組みが有機的につながる日がいつか来て、わが子が主体的に選択した職場で、自己実現をできる日が来ることを夢見たい、そう思うのです。

あとがき

本書執筆の直接のきっかけは、数年前に、ある男性が障害のある孫と無理心中をした、という記事を読んだことでした。このような悲劇を繰り返させてはならず、少なくともその発生確率を下げたいと考えたのが、執筆の動機です。

そのためには、原因を特定して取り除く、軽減させることが必要になります。もちろん亡くなった方に「なぜ?」と伺うことはできず、あくまでも推測となりますが、私は、心中を考えるほど思い詰めた要因は、先行き不透明から来る妄想と、自らの障害者への偏見からくる絶望であろうと考えています。従って、妄想による思考の堂々巡りを止めること、障害特性を絶対悪だと思い込む必要などないことをお伝えすることが、悲劇の発生確率を下げるために有益だとの仮定の下に、障害児育児とそれに付随する諸課題を、できるだけ等身大に、かつ読者と同じ目線で書くように努めたつもりです。そして、すくんだ足の緊張を解き、最初の一歩をよりスムーズに踏み出せるよう、そっと背中を押すに足りる内容は入れ込むことができたと自負しています。

一方で、本書は不都合な真実を隠すこともしていません。悪い情報を隠さない。これは今の社会の常識です。きれいごとで不都合を当面糊塗しても、いずれ表に出ますから。このことは、「これ以上悪くはならないだろう」という一定の下限目安をお伝えすることにもなったと考えます。即ち、大抵のことが想定の範囲に収まることから、未来への不安や怯えもある程度は軽減できたのではないでしょうか。本書を読み終えた読者が、「憶測によって事態を悪化させること」を止められ、周囲と折り合いをつけながら「この子ともう少し頑張ってみよう」、「行けるところまで行ってみよう」という気持ちを持つことができたなら、本書の目的は達せられています。しなやかに、したたかに世を渡っていきましょう。

更に、就園・就学に向けての留意点、会社員の立場からの障害の見方も書いてみました。もちろん、就園・就学はまだしも、就労・就職は遥か先で「障害告知に動揺している状態で、今からそんな長期レンジで考えられないよ」とのご批判もあるでしょう。

ただ、職場にも発達障害者がいる可能性や、彼らの直面している困難は、わが子らもいずれ向き合う可能性が高いことを踏まえれば、この困難の解決が両者に共通する一連の課題となることは明らかです。私たちは、職場の人間としてのみならず親の立場としても考えられるという、複線的な視点からのアプローチが可能であることをお伝えしたつもりです。

今後、読者はきっと人との接し方も変わっていくはずです。その変化は、社内評価が下がる方向にはならないでしょう。人と穏やかに接し、持ち味を引き出そうと考えることが習い性となるのですから。これは、家庭におけるわが子との円滑な関わりにもつながると思います。

実は、執筆に着手した時点では、私自身私たちの子の社会適応はかなり難しいこと、その打開のために親も何かをしなければならないこと、その何かをする環境は、今の職場にもあること、を明確に認識できていませんでした。執筆により、私自身も大きな気付きを得たのです。

なお、もちろん最後の「宿題」に、提出期限はありません。でも、大きな利害関係者である私たちがゲリラ的にでもさまざまな試行錯誤を繰り返すうちに、何らかの気付きや成果が生まれてくることを期待しており、そうなることを、切に願うものです。

わが子らの将来をより良くするための取り組みを、共に考えていきましょう。

最後に、本書の出版にあたりお世話になった皆様に深謝致します。まず、本書を執筆するにあたり、療育施設で出会った先輩親から、さまざまな情報・知見を頂き、その使用をご快諾頂かなければ、本書の内容はかなりシャビーなものとなったことでしょう。ぶどう社の市毛さんやスタッフの皆様には、最後までご指導頂いたことで形にすることができました。更に、旧友と会社の同期の二人には、多忙のところ原案に忌憚なき意見や構成も含めた助言を頂きました。これらの皆様の協力と、過去の記憶の整理や何度も読み込みを手伝ってくれた妻の助勢により、大きな創発が生まれ、本として世に出させて頂くことができました。本当にありがとうございました。

平成二十九年四月　著者謹

著者

白山 宮市（しらやま みやいち）

1966年生まれ、首都圏在住。
資源・エネルギー関連の会社勤めの傍ら、妻と共に健常の長女、自閉症スペクトラム障害の次女の育児に勤しむ父親。長生きしてわが子の行く末を見届けたいとの願いから、「細く長く」がモットー。リタイヤ後は、自らの育児経験の社会還元を志向し、臨床心理士資格取得を思案中。大学院での学び直しが必要になるが、「元は長生きして取れば良い」という楽観主義者。

わが子の発達障害告知を受けた、
父親への「引継書」。

著　者　　白山 宮市

初版発行　2017年 5 月10日

発行所　　ぶどう社
編集担当／市毛さやか
〒101-0052　東京都千代田区神田小川町3-5-4-905
TEL 03（5283）7544　FAX 03（3295）5211
ホームページ　http://www.budousha.co.jp

印刷・製本／モリモト印刷　用紙／中庄